© Editorial Rhemata

Colección "Rhemata Bucoleón"

Volumen 4

1ª Edición: Mayo 2025

Diseño del libro y maquetación: Editorial Rhemata

JUAN ANAGNOSTA

*BREVE RELATO SOBRE LA ÚLTIMA
CONQUISTA DE TESALÓNICA*

© Juan Merino

Editorial Rhemata
Avda. Onze de Setembre 8B, 8º-1ª
43203 Reus (Tarragona)
www.rhemata.es

ISBN: 979-13-990203-4-2
Depósito Legal: T-536-2025
Impreso en España

social, el de los mercaderes y hombres de negocios, lo que era una garantía en una ciudad portuaria con un comercio próspero (Matschke, 2002: 805; Chrysostomides, 2011: 267-356; Ganchou, 2003; Kiousopoulou, 2008: 42-57 y 138-156). De entre los habitantes de la ciudad (ἀστικοί), estos eran los ciudadanos ricos, que además ocupaban las magistraturas importantes, los ἄρχοντες. Otro sector social lo componían los pequeños propietarios, los comerciantes, los artesanos, los profesionales y el clero de bajo rango (μέσοι). En el último escalón se encontraban las personas sin recursos (πτωχοί) (Sansaridou, 2013: 29-30).

En los últimos cien años la ciudad había perdido gran parte de su pujanza económica por la disputa dinástica entre Juan Cantacuceno y Juan V (1341-1354), la revuelta de los zelotas (1342-1349) y la paulatina y progresiva ocupación de la península balcánica por los otomanos y un asedio de cuatro años (1383-1387), tras el cual la ciudad es ocupada hasta 1403, en que pasa a manos bizantinas por un acuerdo de Manuel II Paleólogo con el emir Suleimán, tras la derrota del padre de este, Bayaceto, frente a los mongoles de Tamerlán en 1402. Incapaz de aguantar la presión otomana, en 1423 Tesalónica pasa a manos venecianas. El bloqueo naval y terrestre continuó durante los siete años de dominación veneciana, hasta la toma final de la ciudad por los otomanos el 29 de marzo de 1430.

El *Relato de la última caída de Tesalónica* es una fuente histórica de primer orden, la fuente principal para conocer tan trascendente episodio histórico, por-

Introducción

En el primer tercio del siglo XV Tesalónica pasó de ser la segunda ciudad del Imperio Romano de Oriente a estar bajo la autoridad de la República veneciana. Situada en un punto crucial de la Vía Egnatia –la ruta que atravesaba el sur de los Balcanes desde Dirraquio, en el Adriático, hasta Constantinopla, en el Bósforo– y de la costa norte del mar Egeo, en la desembocadura del valle del Vardar, se erigió en eje comercial de la península balcánica. Esa ubicación estratégica y un puerto espacioso garantizaron históricamente su prosperidad como epicentro de exportación e importación de todo tipo de productos. Testimonios de la gran vitalidad de la ciudad son, por ejemplo, la descripción de su entorno natural a principios del siglo X y la de la feria anual de octubre a la que acuden en el siglo XII comerciantes de toda Europa y que es muestra de una economía próspera y de una ciudad pujante[1].

Tesalónica disfrutaba de algunos privilegios que fomentaban cierto grado de autonomía que los aristócratas de la ciudad aprovechaban para extender su poder en el ámbito local, tanto en términos políticos como económicos. Hasta mediados del siglo XIV, cuando el campo todavía constituía la principal fuente de riqueza, la aristocracia tesalonicense basaba el ejercicio de ese poder en la posesión de grandes extensiones de tierra en una comarca agrícola fértil. La progresiva conquista de territorio por parte de los otomanos la despojó de ese recurso, de manera que fue remplazada por otro grupo

JUAN ANAGNOSTA

BREVE RELATO SOBRE LA ÚLTIMA CONQUISTA DE TESALÓNICA

Juan Merino

· Rhemata Bucoleón ·

que –y a pesar de que– es la exposición de un testimonio presencial que narra la experiencia personal de los acontecimientos descritos. Otras fuentes confirman gran parte de lo que contiene nuestro relato. Esas otras fuentes son tres monodias en verso y tres en prosa, todas ellas compuestas a lo largo del siglo XV, que contienen lamentos por la pérdida de la ciudad, sin que pueda obtenerse de ellas ninguna información relevante. Una de las monodias en prosa se le atribuye al propio Juan Anagnosta, fue hallada en el mismo códice que el testimonio que aquí se edita y se considera que fue compuesta inmediatamente después de él[2].

Aparte de referencias más o menos breves a lo ocurrido en Tesalónica en 1430 en obras de otros historiadores (Esfrantzes, Calcondilas, Ducas, Critóbulo) o en obras de género diverso como *Catablatas*, texto satírico del siglo XV atribuido al erudito Juan Argirópulo (Canivet-Oikonomides, 1982-1983: 5-97), se conservan alusiones en la crónica de Doroteo de Monembasia (erudito del siglo XVI), en la Biblioteca Coraís de Quíos y en la de Hiérax (Michael, 2014: 40).

También se ha editado una relación de decisiones del senado veneciano concernientes a Tesalónica en aquellos años (Mertzios, 2005). Además hay referencias en crónicas venecianas y turcas (Michael, 2014: 40-43).

1. Los acontecimientos

En marzo de 1430, el sultán Murad II se presenta ante las puertas de Tesalónica con un ejército de

aproximadamente 190.000 soldados y comienzan los preparativos para el ataque (Mertzios, 2005: 44). Durante varios días se ubican las máquinas de asedio y el material de guerra, mientras los zapadores socavan la muralla. El ataque de las fuerzas otomanas comienza en la madrugada del 29 de marzo. Murad incita a los suyos concediéndoles total libertad para saquear, siempre y cuando la ciudad sea capturada. Por otro lado, los defensores de las murallas son pocos y están mal equipados. Los otomanos atacan en oleadas, principalmente por la zona oriental de la ciudad (Heptapirgio), por donde la muralla es más antigua y se encuentra en peores condiciones. Pronto se abre por allí la primera brecha y los otomanos trepan por las escalas apoyadas en la muralla.

La decisión del comandante veneciano de enviar a sus soldados al muro del puerto para contrarrestar el ataque por mar sin informar a los habitantes de sus intenciones es interpretada como un intento de abandonar la ciudad. A partir de ese momento, de los tesalonicenses unos quieren rendirse para evitar masacres y saqueos y otros desertan de sus puestos.

Los venecianos huyen rápidamente hacia el puerto en busca de sus embarcaciones. Los otomanos invaden las calles de la ciudad saqueando los bienes de sus habitantes y capturando a muchos, todos los que no habían podido huir. El saqueo dura tres días y tres noches[3] y causa daños considerables en la iglesia de San Demetrio e incluso en el cementerio de la ciudad, cuyas tumbas se profanan en busca de tesoros escondidos.

El sultán entra en la ciudad al cuarto día y convierte en mezquita la iglesia de la Aquirópita como símbolo de su victoria (una pequeña inscripción conmemora el acontecimiento[4]). La ciudad queda casi desierta después de la conquista, pues sus habitantes huyen o son asesinados o apresados. Por tanto, el principal objetivo de Murad es repoblarla. La base de la población de la ciudad en este nuevo período otomano son mil tesalonicenses de los que habían sido capturados y vendidos, que ahora eran redimidos por el propio sultán o por el déspota serbio, y otros mil nómadas de origen turco minorasiático forzados a trasladarse desde Gianitsá.

Advirtiendo la importancia estratégica de la ciudad, dice Anagnosta, Murad decide islamizarla instalando población musulmana para ocupar las viviendas vacías. Al cabo de unos años, algunas iglesias de Tesalónica se convierten en mezquitas, pero otras de menor entidad siguen funcionando como iglesias, en particular los monasterios.

2. El autor y la obra

Este relato, cuyo título fue añadido posteriormente (Moniou, 2006: 102), es el único testimonio histórico en griego de la conquista de Tesalónica por los otomanos en 1430. Es significativo que este testigo ocular de tan trascendente acontecimiento no procediese del estrato social elevado ni perteneciese al estamento político dirigente ni ocupase un cargo eclesiástico relevante. El único dato de su biografía es el que propor-

ciona el apelativo con el que se le conoce –Anagnosta–, que hace referencia a la modesta labor de lector que desempeñaba en la archidiócesis tesalonicense. Aunque entonces podía ser una responsabilidad importante desde el punto de vista litúrgico y administrativo en la metrópolis, el de lector es un rango inferior del clero, cuyo ministerio tiene que ver con la lectura de textos sagrados durante las celebraciones.

Ante la ausencia total de datos sobre el autor, la única hipótesis con cierto recorrido –a pesar de que nunca ha rebasado la categoría de conjetura que ni ha sido ratificada ni refutada– identifica al autor con Juan Castoriano, clérigo mencionado en una carta del arzobispo de entonces, Gregorio, sin otro argumento que la coincidencia cronológica: en 1432 encarga a Hodegetriano Castoriano y a sus hijos, uno de ellos Juan, la administración de la iglesia de Santa Parasceva, tras la conquista de la ciudad y la repoblación ordenada por el sultán. En 1452 esa concesión es confirmada por el nuevo arzobispo Metodio (Tsaras, 1985: 35-37; Melville-Jones, 2006: 146; Kaltzogianne, 2002: 74; *PLP* 11389).

Otra cuestión, la de la doble autoría, fue planteada por Tsaras y admitida por la crítica en general, aduciendo razones lingüísticas y literarias (Tsaras, 1958: XIV-XVII y 82-91; Vryonis, 1986: 284; Kaltzogianne, 2002: 74). Según esta hipótesis, Anagnosta redactó la primera parte, que narra la conquista de la ciudad, y el segundo autor (διασκευαστής) (Vryonis, 1986: 283) reelaboró el texto original y narró los acontecimientos posteriores, explicando la situación de la ciudad una

vez establecido el nuevo régimen otomano (Kaltzo-gianne, 2002: 74; Odorico, 2005: 43-51; Koustourizou, 2016: 4; Kouse, 2018: 9). Los doce primeros capítulos serían obra de Anagnosta y los doce restantes del segundo escritor, quien además habría intervenido modificando la primera parte. La narración homodiegética, directa, objetiva, secuencial y factual del primero contrasta, según Tsaras y sus seguidores, con el estilo más retórico y emocional del segundo, posiblemente un religioso de aquellos que habían huido de Tesalónica, tal vez durante el dominio veneciano, y que luego regresaron cuando Murad se lo ordenó. En ocasiones Anagnosta ralentiza el ritmo con sus reflexiones (p. ej. cap. VIII) o resume excesivamente ciertos acontecimientos, como la batalla, que a ojos de esos analistas merecerían mayor detenimiento[5]. Por su parte, el segundo autor, además de continuar el relato inicial, habría introducido en este algunas interpolaciones (la torre de Samaría, las reliquias de santa Teodora o la suerte del relicario de san Demetrio. [Melville-Jones, 2006: 146; Koustourizou, 2016: 4; Kouse, 2018: 9]) y habría aportado las citas literarias (fundamentalmente homéricas y de las Sagradas Escrituras) y recurrido a las figuras retóricas (apóstrofes, comparaciones, metáforas…). Finalmente, sería el que habría introducido el vocabulario relacionado en cierto modo con la obra y la cosmovisión de Cameniata (Moniou, 2006: 102).

Sin duda hay una cierta variedad estilística, pero eso no es necesariamente prueba de una doble autoría (Melville-Jones, 2006: 146). Por otra parte, en 1985,

casi treinta años después de haber lanzado su hipótesis, el propio Tsaras publicó una versión revisada de su traducción en la que no menciona la posibilidad de la doble autoría.

Otra cuestión es si Juan Anagnosta es efectivamente el autor o si la obra que se le atribuye es más bien una reelaboración procedente de un resumen de un texto mayor, como indica el nombre que le ha dado la tradición manuscrita. Según esta segunda opción, se trataría de una síntesis reelaborada, no el texto original. Esta hipótesis resuelve las cuestiones gramaticales, sintácticas y estructurales que plantea el texto y que sugieren, como ya se ha dicho, la existencia de dos partes diferenciadas, al considerar que la obra es resultado de una yuxtaposición de ambas (Odorico, 2005: 36).

En cuanto a la datación, dos referencias del capítulo 21 establecen el año 1444 como *terminus post quem*. La más imprecisa afirma que en el momento de la redacción solo las personas ancianas sabrían ubicar dónde estaban los edificios emblemáticos de la ciudad destruidos por los conquistadores y sustituidos por otros nuevos. Este comentario pierde fuerza por su propia inconcreción, puesto que puede ser interpretado en el contexto retórico de la obra como parte del mecanismo literario que intensifica la evocación de un pasado irrecuperable. Pero, además, su valor se atenúa aún más si nos atenemos a la información que se desprende del propio texto. Anagnosta calcula la población de la ciudad tras la repoblación en unos dos mil habitantes: mil tesalonicenses y mil foráneos. La perspectiva del

autor y la propia lógica narrativa excluyen a la población de origen foráneo de la posibilidad de recordar y reconocer inmuebles ya inexistentes. Se refiere a los oriundos de la ciudad supervivientes, aquellos que por su prolongada edad los hubiesen conocido antes de la decadencia. En cualquier caso, se transmiten dos ideas clave: que la ciudad no conserva rastro físico de lo que fue y que en el imaginario de Anagnosta han pasado muchos años.

El otro dato es, por el contrario, muy concreto: materiales preciosos procedentes del saqueo sirvieron para la construcción de los baños públicos de Bey Hammam. Una inscripción del propio edificio fecha la conclusión de las obras en 1444. Luego por los datos internos de la propia obra la redacción se produjo con posterioridad a esa fecha. Tsaras la retrasa hasta más allá de 1453 porque supone que el autor de este relato utilizó un documento de octubre de ese año emitido por el metropolitano Metodio. Esta conjetura se basa en la similitud de dos frases en ambos documentos, el eclesiástico y el relato histórico (Tsaras, 1958: 66; Vryonis, 1986: 283-284). Sin embargo, no se trata de una prueba convincente.

La crónica de Anagnosta divide el contenido en dos partes principales: los primeros dieciséis capítulos narran lo ocurrido durante los cuatro días del asedio, que acaba con la entrada de los otomanos a la ciudad. Los últimos seis dan cuenta de los padecimientos de los habitantes y de la destrucción de la ciudad. Pero, si se atiende a la composición formal, los dos prime-

ros capítulos funcionan como exordio y el último (22) como colofón. Entre ambos se expone la secuencia de los acontecimientos (3-21).

El autor utiliza el griego clasicista bizantino en su variante más simple, una forma literaria culta tradicional que se aleja de la hablada. Tal como se ha dicho a propósito de la hipotética doble autoría, hay una cierta variación de estilos dentro de ese marco normativo culto. En ocasiones se sirve de un lenguaje sencillo, que evita las exageraciones, apto para dar expresión a contenidos tristes; sin embargo, no elude los tropos (preguntas retóricas, apóstrofes, comparaciones, metáforas...) cuando el patetismo de la escena requiere un estereotipo literario ampuloso y simbólico, en la línea acostumbrada del género testimonial.

3. Historia de Tesalónica antes de 1430

El 26 de septiembre de 1371 un ejército de coalición de *beys* se impuso a los serbios en la batalla del Evro/Maritsa[6]. Los otomanos toman las plazas macedónicas más importantes, pero a partir de 1373 los bizantinos reconquistan buena parte de Macedonia, por ejemplo las ciudades de Serres y Veria, que antes estaban en manos de los serbios. Desde 1383 vuelven a caer en manos turcas, cuando el emir Murad I logra hacerse fuerte en esta parte del sur de los Balcanes.

La población rural se refugiaba en la ciudad debido a la inseguridad provocada por las frecuentes incursiones de los *beys* y las periódicas epidemias. Tras un

asedio de cuatro años, Tesalónica se rinde en 1387 y durante un tiempo disfruta de cierta autonomía, pero las condiciones de vida se degradan hasta que el tratado de Manuel II y Suleimán en 1403 alivia la situación. La población, abatida por años de falta de alimentos, enfermedades y pobreza, abandona la ciudad y el déspota Andrónico Paleólogo decide venderla a los venecianos para asegurar su defensa frente a los otomanos. La venta a la Señoría de Venecia se hace efectiva el 10 de julio de 1423. Según las crónicas venecianas, la ciudad contaba en ese momento con entre veinte y veinticinco mil habitantes (Mertzios, 2005: 44)[7]. A partir de ese momento Tesalónica pasa a estar bajo la autoridad de Venecia, pero la amenaza otomana permanece a las puertas de la ciudad. Sin embargo, las perentorias demandas de la población sobre el suministro de alimentos y la mejora de las condiciones de vida son relegadas y viajan a Venecia delegaciones de ciudadanos para solicitar ayuda y pedir que se observen las condiciones firmadas en el acuerdo de entrega.

En tales circunstancias la inestabilidad de la región en el decenio de los veinte es máxima, sobre todo porque Constantinopla ya no proporciona ayuda militar ni protege a Tesalónica de las amenazas externas, hay carencia de alimentos[8] y falta de suministros que la capital imperial tampoco solventa[9], los ricos se niegan a pagar impuestos[10], los funcionarios constantinopolitanos sugieren medidas impopulares[11] y los propietarios persisten, codiciosamente según el arzobispo Simeón, en conservar su hacienda y su dinero (Zhigalova, 2000:

115-116 y 120-121)[12]. Aunque ciertamente la fuente de la que disponemos, el arzobispo Simeón, debe ser leída con mucha cautela, sin embargo, ha de ser tenida en cuenta. Sin desdeñar otros factores que desembocan en la conquista otomana, como el hecho de que el déspota Andrónico, antes de abandonar Tesalónica en 1422, no contaba con el apoyo ni de la nobleza ni del clero ni de la población en general, probablemente por la toma de decisiones administrativas inadecuadas y porque figuraba como gobernante nominal de una ciudad en la que las decisiones políticas las tomaban las élites locales (Tsaras, 1977: 105-106; Zhigalova, 2000: 115 y 117-118). Un último factor importante pudo ser la desunión de la población, que hacía buenos los esfuerzos del enemigo (Stavrou, 2010: 75)[13].

Las élites económicas y dirigentes aceptaron bien en un principio la llegada de los nuevos administradores venecianos, pero pronto la crueldad de estos, su arrogancia y su indiferencia hacia los problemas de los súbditos, fundamentalmente en cuestiones de política fiscal y en la limitación del poder del arzobispo, crean –en opinión de Simeón– un clima de desconfianza (Zhigalova, 2000: 122-123; Sansaridou, 2013: 36-37). El abandono de la población a su suerte genera una indignación que no fomenta la lealtad, sino el miedo[14]. Así se muestra, por ejemplo, cuando las autoridades venecianas concentran sus fuerzas en el puerto, desprotegiendo el resto de la ciudad, porque allí, junto a sus naves, se refugian ellas (13). O cuando la desconfianza los impulsa a encargar a un cuerpo de temibles mer-

cenarios, los tzetarios, que vigile a los defensores locales (7). Anagnosta denuncia la terrible situación que se vivía en esas circunstancias: «Durante el gobierno de los latinos la ciudad sufría y cada día nos acuciaban pesares por todas partes» (2). La aristocracia no colabora con la autoridad veneciana, esquiva contribuir a la financiación de las necesidades públicas, aunque algunos de sus miembros participen en el consejo local gestionando la ciudad o supervisando el estado de las estructuras defensivas (Zhigalova, 2000: 121). En poco tiempo surge un movimiento de oposición (Stavrou, 2010: 73)[15].

A la brecha social ya existente entre ricos y pobres se suma la fragmentación de la opinión pública entre prootomanos y provenecianos (Zhigalova, 2000: 121)[16]. Entre los primeros se encontraba la aristocracia urbana que en tiempos de la dominación otomana colaboraba con las autoridades y que había perdido poder, influencia y privilegios con los gobiernos bizantino y veneciano. Entre los segundos, los miembros del consejo de la ciudad que en 1422 cedieron el gobierno a los venecianos con la esperanza de preservar su estatus. El resto de la población se siente indefensa ante los cambios que ha deparado el gobierno veneciano en Tesalónica y se decanta por ellos o por los otomanos según puedan garantizar, en su opinión, el funcionamiento normal de las instituciones (Zhigalova, 2000: 113).

Ante el declive progresivo de la autoridad imperial, sobre todo en regiones periféricas, los magistrados locales que constituyen la élite gobernante y controlan

la vida de la ciudad proceden con un notable grado de independencia y tienen un poder mayor[17]. Hasta 1422 todas estas fuerzas habían actuado centrífugamente con respecto a la corte constantinopolitana en un proceso que culmina formalmente con la venta de la ciudad a Venecia, antes de la caída definitiva de Tesalónica en manos turcas el 29 de marzo de 1430.

Desde el punto de vista narrativo, los personajes son tres actores colectivos: venecianos, otomanos y griegos. Mientras que los primeros no tienen corifeo que los represente dramáticamente, hay dos figuras que encarnan respectivamente a cada uno de los bandos principales en disputa: el arzobispo Simeón (si se excluye la figura simbólica de san Demetrio) por los cristianos y Murad, jefe supremo del ejército atacante y responsable último de sus desmanes, por los otomanos.

4. Relaciones de poder en la Tesalónica anterior a la conquista: el relato de Simeón

El protagonista cristiano es el arzobispo Simeón, en ausencia, porque ya ha fallecido en el momento en que se produce la conquista. Había ejercido de metropolita de la ciudad desde 1416 hasta el momento de su muerte en 1429. Sin embargo, es el referente ideológico y político de Anagnosta. Su *Relato histórico* es un documento indispensable para conocer las circunstancias previas a los definitivos asedio y conquista de Tesalónica y, por tanto, puede servir como referencia para el testimonio de Anagnosta.

Introduce la obra un largo exordio de carácter ceremonial, que invita a pensar que se concibió como sermón destinado a un oficio religioso en honor del patrón de la ciudad. La narración comienza con una referencia al viaje del emperador Manuel II en 1399 a Europa occidental en busca de apoyos contra la expansión otomana, dejando como regente a su hermano Juan y la posterior liberación de la ciudad del assedio en 1403. También se recorren sumariamente los reinados de Suleimán (1402-1411), Musa (1411-1413), Mehmed I (1413-1421) y Murad II (142-1422) y la boda del futuro Juan VIII con Sofía de Monferrato.

La primera parte del grueso del relato cuenta lo sucedido en 1422-1423: la crisis provocada por la venta de la ciudad a los venecianos. Simeón se opone a ella y se dispone a viajar a Monte Atos, pero es sorprendido y tiene que regresar. En la ciudad una parte de la población es partidaria de rendirse a los otomanos, mientras en la corte un general bizantino precipita el abandono del déspota Andrónico. Simeón lucha por preservar la inmunidad de la Iglesia.

En la segunda parte, la más interesante para nuestros propósitos, se expone la situación de Tesalónica bajo gobierno veneciano. A pesar del cambio de gobernantes, el asedio otomano y el hambre continúan. En 1425 o 1426 se repele un ataque. San Demetrio interviene milagrosamente: provee de alimento a la población más necesitada y envía castigos a algunos jefes otomanos. Finalmente, una exhortación retórica invita

a los tesalonicenses a mostrar su gratitud al santo imitando las virtudes que la tradición le atribuye.

En el momento en que Simeón y Juan redactan sus respectivas obras –antes de 1429 el primero y después de 1430 el segundo–, el nexo entre las tres instancias institucionales (la autoridad imperial, la administración local y la Iglesia) se configura a través de los vínculos personales de los magnates provinciales con la corte y las relaciones de poder bilaterales entre la comunidad local/regional y la capital. Como ya se ha dicho, en los últimos siglos la lealtad de las autoridades provinciales al poder central había ido disminuyendo gradualmente y en muchas regiones grupos de poder que tienen a buscar formas de gobierno autónomas en torno a arcontes díscolos y separatistas[18]: se muestran reacios a someterse dócilmente a las autoridades bizantinas (Stouraites, 2017: 82)[19]. La lealtad política de esa élite hacia los nuevos gobernantes depende de la capacidad de estos últimos para integrar los intereses locales (Merino, 2023). La cohesión social, pues, no se sostiene sobre principios étnicamente homogéneos, sino sobre nociones identitarias múltiples (lingüísticas, regionales, étnicas, económicas) que se superponen a las políticas. En los últimos años el poder central intenta mantener el control de un territorio que mengua constantemente y cuyas fronteras son inestables y eventuales (Signes, 2014: 20; Kiousopoulou, 2008: 117-138).

El objetivo del relato (narrar la expugnación de la ciudad), delimitado claramente en el proemio, no

tiene nada que ver con la comunidad bizantina más amplia, territorialmente localizada y definida como entidad cultural o política. Al ciudadano Juan Anagnosta lo determinan sin duda la ciudad donde ha nacido (πατρίς), sus lazos familiares y su lengua (y su cultura) griega. En ningún momento hace referencia a una entidad territorial, una supuesta *patria communis,* como la Romania. De los dos pilares básicos sobre los que se asienta la identidad colectiva, uno, el Estado romano, había desaparecido: durante los últimos siete años Tesalónica había vivido bajo la autoridad veneciana. Anagnosta se aferra al otro: la adhesión a la fe cristiana ortodoxa, la identidad colectiva más sólida dentro del imperio (Signes, 2024: 1; Stouraites, 2014: 202). El criterio ideológico de Anagnosta construye un relato fundamentalmente cristiano antimusulmán, que no parece corresponder a la realidad contemporánea.

Para nuestro autor, la fe es el punto de referencia más estable, que, además, marca claramente las diferencias con quienes amenazan en ese momento su territorio, que para Anagnosta son simplemente bárbaros, como demuestran, según el relato, sus actos (8 y 14-16). Tesalónica es la segunda ciudad del Imperio en importancia y ejerce como protectora de los territorios e islas aledañas, pero por encima de todo, para el arzobispo, es bastión de la cristiandad (Simeón, *Rel.* 11, 2).

Juan Anagnosta corrobora el descontento por los abusos de los venecianos: «durante el gobierno de los latinos la ciudad sufría y cada día nos acuciaban pe-

sares por todas partes» (2; cf. Simeón, *Rel.* 10, 1). El arzobispo se opone a la única solución planteada: la entrega a los venecianos e insiste en defender los derechos de la Iglesia ortodoxa ante las autoridades venecianas y en negarse a entregar la ciudad a los otomanos. Por eso es cada vez más impopular[20]. En su afán por esquivar la sumisión a católicos venecianos o a infieles otomanos, Simeón, en situación ya desesperada, se consagra a su ciudad: comparte las privaciones derivadas del asedio, se opone enérgicamente a la rendición y, pese a los reparos que tiene hacia ellas, colabora con las autoridades venecianas en la defensa de Tesalónica contra los infieles. Pero su actitud beligerante encuentra hostilidad: «Predije cosas que serían terribles para la ciudad y para la Iglesia, daba testimonio ante todos y recibía insultos y burlas de la mayoría» (3). En 1430 la ciudad tendrá que afrontar el ataque de un ejército multitudinario sin la beligerancia del arzobispo.

Hasta aquí los acontecimientos y el papel protagonista de Simeón. Pero tal vez dos aspectos interesantes de la obra sean el análisis del proceso de elaboración del relato del sufrimiento como técnica narrativa y la confección de un arquetipo humano del mal.

5. La elaboración del sufrimiento

¿Cómo evitar que el recuerdo de nuestras desgracias nos abrume y nos sea útil para rehacer la vida en lo sucesivo? ¿Podemos trabajar los recuerdos y el dolor con la escritura para restablecernos de la desesperación

que causa la derrota o la pérdida? ¿Puede la escritura gestionar la violencia que se ha sufrido y comprender el daño y el dolor perdurables? ¿Puede servir para contrarrestar el propio sufrimiento?[21].

La exposición de la degradación humana a la mirada del otro a través de la violencia y del sufrimiento propio crea un magma de elementos que Anagnosta, consciente de la importancia de los hechos, trata desde una perspectiva histórica (referencias a tiempos, espacios y personas) y elabora con la intención de dar testimonio siguiendo las convenciones retóricas del género historiográfico (Tsiaples, 2014: 305). El origen del texto está en la necesidad de dejar constancia de un hecho histórico decisivo con el aval del testigo ocular que expone con detalle[22]. En cierto modo ese carácter testimonial lo libera de la perspectiva analítica del historiador y le permite no tener que probar cada afirmación e incorporar detalles no contrastados e incluso inauténticos (Philippides, 2018: introd. n. 55). Por otro lado, el pretexto de la petición ajena –de un personaje importante de quien no se especifica nada (probablemente un destinatario supuesto)– le exime a su vez de justificar la obra, de manera que, tras un proemio retórico, el autor se dirige inmediatamente al argumento[23].

La historiografía tiene por objetivo apropiarse del pasado con un relato que se hace pasar por la verdad de lo ocurrido. Sin embargo, en el proceso de escritura el historiador trabaja con la memoria artificial de la literatura, que atesora imágenes que la rememoración personal activa eventualmente al evocar el pasado y las

asocia en los procesos de escritura: los conceptos culturales comunes que conforman el magma cultural, que establecen el entramado (intertextualidad) que permite la conexión entre la obra y los lectores y que llevan al texto a los confines de la creatividad literaria (Messes, 2006: 109-110). Por tanto, en los relatos testimoniales más que la verdad de los acontecimientos es primordial la verosimilitud, que el relato sea creíble en tanto que el autor, testigo presencial, lo presenta como verdadero[24].

En el proceso de escritura –de transformación de la realidad en relato– hay tres fases sucesivas: la experiencia del sufrimiento, su representación cultural y, finalmente, su racionalización; o, en términos lacanianos, la realidad, la percepción que tiene el sujeto de la realidad ('lo real') y el relato. La narración se convierte, pues, en estrategia para comprender la realidad.

En la tercera fase, la de la racionalización, la propiamente literaria, el relato se apropia de la situación traumática vivida y examinada a través del tamiz de la representación cultural (segunda fase) y la naturaliza: la conciencia colectiva ha construido un sentido que institucionaliza el conocimiento del sufrimiento ajeno integrándolo como forma de experiencia social en el marco cultural que la víctima reconoce, de manera que, mediante la elaboración literaria, puede mitigarse la vulnerabilidad y controlarse el sufrimiento interpretando el dolor e interrelacionando conocimiento y emoción. Anagnosta aprende a combatir el sufrimiento elaborando el relato, construyendo poco a poco la conciencia de que existe una emoción dolorosa y fabrican-

do estrategias intelectuales y culturales para aliviarla. La experiencia subjetiva del sufrimiento accede a un contexto común, trasciende lo particular y se convierte en experiencia social.

El mecanismo cultural del texto escrito conecta, pues, su experiencia subjetiva con otros, la convierte en apropiable por el colectivo. La experiencia de Anagnosta adquiere, al ser relatada, la categoría de verdad social intersubjetiva y su exposición ayuda a encontrar un símbolo compartido socialmente que permite al autor entender su propio sufrimiento y reintegrarse al grupo social con el que lo comparte, sus conciudadanos. Por tanto, este testimonio literario del dolor solamente puede ser entendido a través del análisis textual sabiendo que es, en todo caso, una apropiación del dolor y una estrategia para satisfacer el afán de autotrascendencia en el otro. De hecho, se concibe para que un tercero («excelente varón amante del conocimiento») lo sienta como suyo. Hacer público el sufrimiento propio es una invitación para compartirlo, una demanda de 'compasión'.

Por otro lado, la exposición pública de la experiencia del sufrimiento propio en un relato testimonial es también un elemento esencial para reclamar legitimidad moral: la comunidad naturaliza la victimización del individuo, con la consiguiente influencia en la subjetividad de sus miembros. El narrador ofrece públicamente el testimonio de su sufrimiento como reivindicación moral de las víctimas y registra sus propios padecimientos demandando, por una parte, el reconocimiento de la sociedad y el resarcimiento de la injusticia

y buscando, por otra, una reconstitución del sujeto a través de la lógica narrativa.

De esa manera, el texto asciende efectivamente a símbolo social compartido porque construye, sobre las bases de un discurso biográfico emocional y patético (que puede ser real o ficticio), una imagen de los hechos ajustada a los valores sociales del momento. Es eficaz porque expone un sufrimiento no merecido y el narrador se presenta a sí mismo como víctima inevitable de una fuerza implacable en circunstancias percibidas como resultado, además, de un infortunio. El sufrimiento se convierte en espectáculo y, a partir de ahí, el autor elabora una visión visceral del mundo, teniendo en cuenta el efecto que espera que produzca en el lector, de manera que, a través de la literatura, se traslada la experiencia límite a la esfera de la comprensión intelectual y la representación subjetiva se transforma, por la vía emocional, en certeza.

Dentro del relato de los desmanes causados por los conquistadores, el cuerpo de los prisioneros es una mediación necesaria para representar y transmitir el sufrimiento a través del patetismo de los ademanes, que pueden expresar significados culturales subyacentes. Con tales premisas, es difícil discernir si en ciertos pasajes el relato se ciñe a lo que ocurrió o se ajusta a un arquetipo (14). Sobre todo teniendo en cuenta que la obra de Anagnosta presenta concomitancias, que se señalan en los pasajes pertinentes, con *El saco de Tesalónica*, obra de Juan Cameniata (principios del siglo X). El ambiente patético y dramático, por ejemplo, puede

ser una. De ahí que el análisis de los contextos cultura-les y de los escenarios pueda servir para reconstruir el sentido de los gestos, despojándolos de su teatralidad: en 904 Tesalónica era una nave a la deriva, una ruina, que Cameniata transforma en escenario perfecto para representar una sucesión de tragedias singulares[25]. Qui-nientos veintiséis años después Anagnosta explota el patetismo de ese escenario como estrategia discursiva, avalando su veracidad en la medida en que se ajusta al tópico retórico y reforzando así el valor del texto como testimonio histórico: mujeres que combaten como varones (11), enemigos que luchan sin importarles la muerte (12), prisioneros atados como bestias, cadáve-res insepultos «presa de las aves de rapiña», enfermos y heridos decapitados, familias destrozadas, todos indis-criminadamente juntos… (14). Pero tales concomitan-cias pueden también proceder de una tradición cultural común preexistente. En cualquier caso, y eso es lo im-portante, esa relación intertextual tal vez sea más pro-funda y llegue a un arquetipo cultural de la elaboración del sufrimiento en el que la narración del dolor propio avala la verosimilitud del relato en la medida en que se amolda al arquetipo. En este aspecto el narrador, el tes-tigo presencial, ya no pretende ser notario (Anagnosta no dice nada al respecto), sino crear el clima apropiado para que el lector empatice con él y comparta la inten-sidad de sus emociones. En esa tensión que se establece entre experiencia y relato se da un proceso de ficciona-lización que objetiva el estado de ánimo subjetivo y lo hace presente a través del lenguaje.

La aparición de las emociones, la subjetividad del narrador y el testimonio escrito (elaborado, corregido y editado) suponen un giro retórico y la estrategia discursiva determina sus elementos subjetivos, emocionales o gestuales (Aranguren, 2010: 21). Las limitaciones propias de la representación lingüística de lo narrable, la incapacidad del lenguaje para expresar el dolor en toda su magnitud y la cuestión sobre si es posible conocer el sufrimiento ajeno abren una brecha entre la experiencia y su racionalización escrita. A esa limitación se refiere Anagnosta en su prólogo, bien que retóricamente a modo de *topos humilitatis*: «Yo preferiría escoger el silencio, que es menos peligroso, y rehusar, con toda razón, este asunto, que supera mis capacidades» (1). En cualquier caso, a alguien que dice que sufre solo cabe creerle o no.

En la distancia que existe entre la experiencia y el relato que la traslada a un tercero –el destinatario real o imaginario–, el sufrimiento se convierte en estrategia retórica que activa los afectos del lector impulsando la potencia de verosimilitud del relato y agitando 'de manera controlada' las emociones para conmover al lector, con el objetivo, como ya se ha dicho, de obtener una compensación social (Aranguren, 2010: 22)[26]: reparar el daño sufrido dando visibilidad y haciendo público el sufrimiento o provocar 'lástima', definida como «la manipulación (consciente o inconsciente) de signos de sufrimiento con intención de suscitar algún tipo de recompensa» (Matta, 2010: 28. 10). Por consiguiente, en ese «uso ceremonial del sufrimiento» adquiere mucha

importancia el 'espectador' de la violencia (Blair, 2001: 87-89), en nuestro caso el lector.

La reformulación literaria del sufrimiento como una realidad construida socialmente lo distorsiona mediante estrategias discursivas que siguen los patrones culturales pertinentes y disocian el conocimiento histórico del testimonio personal. Es imprescindible al menos examinar este subgénero como fuente de datos, por supuesto, pero con las herramientas de análisis retórico que se usan en cualquier otro subgénero que ficcionalice la realidad y con las aportaciones de las teorías antropológicas modernas sobre el sufrimiento. La conquista de Tesalónica por Murad II cambia totalmente el sentido de la existencia, supone una ruptura brusca y total con el pasado histórico y, en definitiva, es el ocaso de un mundo. Por una parte, el relato de Anagnosta recupera el mundo perdido atestiguando, impugnando y confinando en la memoria histórica el absurdo del sufrimiento social, que es improductivo en la medida en que almacena la violencia, los abusos y las arbitrariedades como reminiscencias, como posos. El autor experimenta un desorden emocional por el mundo en ruinas que ha de reconstruir y habitar[27]. Como esa ruptura es difícil de entender racionalmente, el autor acude a interpretaciones afectivas para reocupar el espacio devastado, para reconstruir el sentido subjetivo de su vida, para rescatar al yo de las fuerzas negativas que lo han hecho sucumbir y sufrir[28].

Por otra parte, con una mirada prospectiva, la imposición del poder otomano por la fuerza obstruye el

proyecto que el autor había imaginado, violenta la voluntad de los vencidos y extirpa bruscamente el sentido que la vida tenía hasta ese momento. El sufrimiento que muestra el autor deriva, en última instancia, de que no acierta a integrar racionalmente su situación en un nuevo contexto que carece de sentido para él. Cuando apunta una posible causa, advierte que lo es «en la medida de la comprensión humana» (10), porque hay otras que escapan a ella. Intenta, en suma, reducir el desorden y afrontar la violencia social que provoca el sufrimiento, contener la 'deconstrucción del mundo' interiorizándola en forma de racionalización, elaborando el terror que se siente en este contexto específico y en este conflicto concreto (Espinosa, 2007: 59).

En una segunda fase, la adaptación a las nuevas condiciones, al mundo nuevo, busca la restauración del vínculo de pertenencia a la comunidad, identificada con el espacio físico de la ciudad (Ortega, 2008: 43). Sin embargo, finalmente se impone el extrañamiento definitivo y el narrador solo encuentra refugio en la evocación[29].

Por tanto, en el momento en que se elabora el relato, el sufrimiento experimentado pasa a ser sufrimiento literaturizado: la violencia del conquistador se construye emocionalmente como sufrimiento y literariamente como relato, se enajena del individuo sufriente y se convierte en patrimonio de la comunidad vencida, en memoria histórica del sufrimiento, susceptible de ser utilizada política y moralmente. El sufrimiento se reconstruye como hecho literario y los acontecimientos

son desentrañados según los códigos retóricos y según los intereses y las vivencias del presente.

Cabe pensar, pues, que en primera instancia el objetivo de Anagnosta es la narración de acontecimientos, pero el relato también habla de un sufrimiento colectivo reflejado desde una perspectiva subjetiva, pero inscrito en una tradición cuyas fraseología, ambientación, escenografía y personajes se respetan. Se narran acontecimientos con voluntad de darles sentido, para comprender el sufrimiento que han provocado, con la esperanza de que tendrá sentido o habrá una explicación y de que de él se derivará un aprendizaje. El sufrimiento, como sugiere el propio autor (8 y 18), tiene una función pedagógica.

6. El mal al servicio del bien

La narración de la desgracia cuyo causante es, como pecador, uno mismo impregna al relato de un patetismo natural, podría decirse, porque quiere transmitir la convulsión que ha vivido el autor y conmocionar el alma del lector. Es incluso comprensible un cierto tono apocalíptico en un mundo que se derrumba: terremotos en el momento en que Murad entra en la ciudad[30], luto, gemidos y deseos de que la ciudad hubiese desaparecido o no existiese (6 y 21).

Anagnosta elabora una atmósfera de miedo generalizado no solo por las escenas que se presencian, sino también por la inestabilidad y la inseguridad que se ex-

perimentan y la infelicidad que se augura. Lamenta no tener ya el amparo divino (el de san Demetrio) o el humano (el del arzobispo Simeón, cuya muerte es una desgracia «más dura que el acero», 3). Atribuye el desastre a tres factores fundamentales que adapta a sus intereses: la ausencia de una autoridad capacitada y eficaz, las divergencias en la clase gobernante (y de esta, en su conjunto, con los venecianos; 2 y 3) y la escasez de tropa. Junto a ellas, la preocupación permanente por las desgracias continuas genera una sensación implícita de desolación por la percepción del eclipse total de un mundo.

Es imprescindible dotar de sentido a esa desolación, comprenderla desde una perspectiva ética y social trasladando –como se ha dicho– el dolor privado al ámbito público para entender la adversidad y la desgracia como desviaciones de la normalidad que deberían ser evitables. En este sentido, la explicación del acto en sí mismo –violento, despiadado y sanguinario– requiere un victimario irracional, brutal, atroz y sádico, capaz de cometer con el otro actos de una inhumanidad específicamente humana (Blair, 2001: 97)[31]: el desconcierto, la barbaridad y la incongruencia privan de sentido a la vida (Antón, 2017: 349). El elemento que los desencadena y además impide cumplir cualquier anhelo es, pues, la maldad. Sin embargo, al personaje protagonista del otro bando, Murad, el autor le asigna un perfil hasta cierto punto reflexivo, respetuoso y ecuánime. El agente del mal es el otomano, el 'otro' con cuyas creencias y valores se vive una colisión histórica.

La literatura clásica ha construido un bárbaro infiel, incivilizado y libidinoso que la identificación del tesalonicense con su ciudad refuerza aquí, por el énfasis con que Anagnosta subraya los arquetipos religiosos y culturales. El 'otro' es un paradigma indefinido que carece de características claras y precisas en el que solo caben rasgos negativos. De manera que a lo largo de los siglos se construye una teratogonía, se crea un monstruo, una horma polivalente, adaptable a cualquier enemigo. Anagnosta, siguiendo la estela de la tradición, procede a deshumanizarlo. Hasta el punto de que la crueldad, inherente a la naturaleza bestial que se atribuye habitualmente al infiel, se vuelve progresivamente protagonista del discurso: «Había que verlos entrar como abejas o animales salvajes aullando, exhalando muerte y repartiéndose la ciudad unos a pie y otros a caballo… atacándonos como lobos perniciosos» (14) (Soler, 2016: 36; Sansaridou, 2013: 37)[32].

Sin embargo, en un contexto cristiano como el de Anagnosta, la teodicea universaliza el sufrimiento como impronta de un dios todopoderoso. Se trata, pues, de explicar un universo moralmente contradictorio en el que un Dios omnipotente e inmensamente bueno coexiste con una realidad en la que el mal es la fuerza dominante y de buscar una respuesta a la hecatombe que se ha vivido, de entender la perversidad de seres humanos que infligen semejante dolor a otros seres humanos inocentes. En ese contexto, todas las desgracias, sean cuales sean los factores humanos que intervengan,

tienen dos causas: el pecado propio y la presencia de Satanás en el mundo. Los otomanos son un instrumento de la fatalidad: la que representan el sultán y su ejército ejecutando el proyecto providencial de Dios, que está por encima de todo (Maisano, 2003: 137-138). En palabras de Jorge Esfrantzes, cronista contemporáneo: «…y rogasen a Dios (y también al sultán) que tuviese piedad como Dios compasivo y ordenase a su verdugo, el sultán, que les permitiese vivir más tiempo. Este tiene un puesto y un rango junto a Dios, como sus verdugos junto a él, que cumplen su voluntad y sus órdenes y son odiosos y detestables» (Esfrantzes *Chr.* 39, 11).

De esa manera, la fe religiosa otorga una dimensión moral que aporta respuestas satisfactorias y que no solo explica, sino que también justifica el sufrimiento: hay un orden perverso e imperfecto que genera el enemigo y un Dios omnipotente que se sirve de él para perfeccionar al ser humano. Y los daños provocados por unos seres humanos a otros y la propia perversidad de los que dañan, torturan y matan se explican y justifican por la condición metafísica del ser humano[33], que es pecador por naturaleza, y por la presencia de Satanás en el mundo a través de su agente activo, Murad. Este es a la vez herramienta de Satanás para provocar el sufrimiento y también de Dios para corregir el pecado. El sufrimiento tiene, como se ha dicho, una función pedagógica, de correctivo.

De ese modo, la explicación del sufrimiento presente, del mal concreto, justifica la sociedad tal como está. Anagnosta considera que hay que aceptar la auto-

ridad de los gobernantes como propuesta divina y no levantarse contra ella, puesto que el sultán ejecuta la voluntad divina (8). Dios es el creador del universo y el sultán, la persona más poderosa de la tierra, su verdugo de pecadores (Esfrantzes, *Chr.* 39, 3). En la senda de la historiografía clásica de raigambre tucidídea, las desgracias son lecciones divinas para que la posteridad tome nota de ello (3, 4 y 8), bien con un carácter ejemplar genérico o bien ante una amenaza concreta[34]. El cristiano, el tesalonicense en este caso, tiene que «entrar en razón», que «ser prudente» (8) y aceptar el castigo divino: «Todas las desgracias masivas… son para aviso de la posteridad, corrigiendo Dios la maldad pandémica con castigos colectivos» (18).

Anagnosta, instalado ya en la nueva realidad, en la Tesalónica otomana desde la que echa la vista atrás con el fin de recomponer racionalmente las causas de su sufrimiento, recurre al procedimiento logoterapéutico desde una perspectiva fatalista, que en un primer momento remite a la voluntad divina para repercutirlas sobre sí mismo por obra y gracia de los conceptos cristianos de culpa y pecado. El sentimiento de culpabilidad imputa indefectiblemente la causa de la desgracia a la conducta propia; en terminología cristiana, al pecado. Por la naturaleza intrínsecamente pecaminosa del ser humano en la ética cristiana, dolor y sufrimiento dejan de ser experiencias vitales para convertirse en factores de perfeccionamiento moral, en incentivos de un modelo de vida y de una vivencia religiosa[35]. El pecado es una inculpación moral que nuestro autor acepta (8, 18 y

19), pero que proyecta sobre aquellos a quienes considera, desde una perspectiva más inmanente, responsables del sufrimiento de la población: los venecianos y, sobre todo, los turcos otomanos, sus causantes directos. Desde la perspectiva de la teodicea cristiana, la ausencia de pecado significaría la negación del sufrimiento padecido y, en general, del sentido moral.

7. Ediciones y traducciones

Esta obra se ha conservado en un solo manuscrito del siglo XV: *Vat. Gr. 172* (f. 97-139)[36]. León Alacio preparó la *editio princeps* en 1653 y la acompañó con una traducción del texto al latín. Esa primera edición detectó algunas dificultades de lectura, especialmente tres pequeñas lagunas, que no han podido ser subsanadas en ediciones posteriores. Esa primera edición fue reproducida con leves variaciones en Paris en 1733, en 1838 por Inmanuel Bekker en el *Corpus Scriptorum Historiae Byzantinae* y en 1866 en el volumen 156 de la *Patrología* de Migne.

La primera edición moderna, la de Yanis Tsaras en 1958, reproduce la de Alacio-Bekker, corrigiendo las erratas y añadiendo la traducción al griego moderno. El mismo editor revisó posteriormente esa traducción en 1985. En 1989 la Universidad de Ankara editó una traducción al turco realizada por Melek Delilbasi, que ya había sido presentada en 1973 como parte de la tesis doctoral del autor. En 2005 se editó la traducción

francesa de Paolo Odorico, junto con la de los otros dos testimonios de conquista de Tesalónica, el de Juan Cameniata y el del arzobispo Eustacio. Por último, en 2009, Charis Messes publicó la reversión de esta traducción francesa al griego moderno[37].

El texto griego que se traduce aquí es el establecido por Tsaras, quien se limita a enmendar las erratas que detecta en las ediciones anteriores Alacio y Bekker.

Notas a la introducción

[1]   *Timarión* 3-10 y Juan Cameniata (Merino, 2016: 3-11).

[2]   Michael (2014: 40-43) hace un breve recorrido por todos los testimonios de la conquista y Tsaras (1985: 117-176) incluye en su edición los textos de todas las fuentes griegas. Hay también edición de las crónicas breves (Lampros, 1932-1933).

[3]   Así está prescrito por la *sharia* en el caso de conquistas armadas. Tesalónica había seguido una suerte completamente distinta en 1387, cuando se rindió: la ciudad fue respetada y gozó de una gran autonomía.

[4]   La inscripción dice: «El sultán Murad Kan conquistó la ciudad de Tesalónica en 833» (es decir, en 1430).

[5]   Sin embargo, estas percepciones parecen más bien juicios apriorísticos debidos a las expectativas de los críticos. El autor declara desde el final del primer capítulo que persigue la concisión y la parquedad y ese propósito se vería justificado, al menos formalmente, porque, como afirma al principio del segundo capítulo, la obra está destinada a un tesalonicense para quien la prolijidad resultaría enojosa y superflua.

[6]   En este apartado y los siguientes se recurre al *Relato histórico* del arzobispo Simeón, que expone los acontecimientos ocurridos en Tesalónica en el primer cuarto del siglo XV. La actuación de Simeón

en el septenio veneciano previo a la conquista otomana fue fundamental, como demuestra su presencia en esta obra. Sin embargo, su testimonio refleja una visión parcial de los hechos que persigue sus intereses particulares. Simeón nació en la segunda mitad del siglo XIV en Constantinopla y ocupó el solio tesalonicense entre 1416 y 1429, año de su muerte. Sus obras son casi exclusivamente de contenido teológico, salvo el breve *Relato histórico* y otros textos menores, como el *Sermón en defensa de mi partida a Constantinopla* y el *Informe para el augusto déspota don Andrónico*, a los que también se hacen referencias episódicas.

[7]   Tesalónica seguía estando muy poblada para la época.

[8]   En el transcurso del enfrentamiento con su hermano Mustafá, que se había refugiado en Tesalónica en 1416, Mehmed I impide que la ciudad se abastezca de lo necesario y provoca una hambruna feroz, que el déspota no sabe mitigar (Simeón, *Rel.* 5, 1). Un barco cargado de cereal hundido a la entrada del puerto le sirve a Simeón para explicar la especulación por restricción de la demanda que los agentes económicos practicaron entonces: «Si el grano no hubiese sufrido daño, eso habría angustiado más que el hambre a los necesitados, porque quienes suben el precio del grano lo habrían almacenado y hecho ganancia de la desgracia de sus prójimos, de igual manera que maquinan en los préstamos para desgracia de los pobres. Entonces el hecho de que el trigo estuviese empapado hizo que los

pobres se alimentaran y lo obtuvieran a bajo precio»
(Simeón, *Rel.* 11, 4).

9   «…no habiendo nadie que nos auxiliase, ni
nave, ni galera, ni aliados, ni comida» (Simeón, *Rel.*
10, 3).

10   «Aquello que en aquel momento era justo que
hiciesen en defensa de la ciudad sus habitantes, la mayoría decidía voluntariamente no hacerlo y la divergencia
de opiniones provocaba irritación a todos, que estaban
asustados… Eso propició aún más que el déspota saliese
de la ciudad, porque lo habían instigado los que tenían
miedo a pérdidas económicas: tanto los que querían mar-
charse como los que se quedaban tenían todos la esperanza de conservar sus bienes» (Simeón, *Rel.* 8, 3).

11   «…un hombre de confianza, valiente, prudente y capaz de mantener la ciudad cohesionada, pero que
discrepó con el déspota y no trajo consigo nada de lo
necesario para el auxilio de la ciudad, sino que tenía
y proponía un plan: administrar en común en el erario
público aquello que cada uno del senado y del pueblo
poseía» (Simeón, *Rel.* 8.3).

12   «Los gobernantes viven disolutamente, acumulan riquezas y son soberbios con quienes están bajo
su férula, cometiendo sin escrúpulos todo tipo de injusticias, no solo sin devolverle nada a Dios, sino también arrebatándole lo suyo considerando que esa es su
potestad y creyendo que sus súbditos pobres no son ni
siquiera de naturaleza humana. Los pobres, a su vez,

imitando al gobernante, combaten entre sí y viven con avidez y codicia. […] Para ellos fiesta y ocio es embriagarse y vivir gobernantes y gobernados de manera impura e inmunda» (Simeón, *Rel.* 4, 1).

[13]   En palabras de Simeón: «…maldades de unos contra otros por envidia y odio (la más terrible desgracia); de ahí los ultrajes, las disensiones y la furia mutuas, de los cuales qué otras desgracias no surgieron. Los de aquí sospechaban unos de otros, se atacaban y tramaban maldades unos contra otros. Los que están al frente del pueblo, contra los emperadores y estos, a su vez, contra los ciudadanos» (Simeón, *Rel.* 7, 1).

[14]   Simeón habla de «gobernantes negligentes y discrepantes entre sí» (Simeón, *Rel.* 10, 3).

[15]   «Algunos en secreto provocaban disturbios, alborotadores que no pensaban ni decían nada sano» (Simeón, *Rel.* 8, 1).

[16]   Respecto a la brecha social, dice Simeón: «Los gobernantes viven disolutamente, acumulan riquezas y son soberbios con quienes están bajo su férula, cometiendo sin escrúpulos todo tipo de injusticias, no solo sin devolverle nada a Dios, sino también arrebatándole lo suyo considerando que esa es su potestad y creyendo que sus súbditos pobres no son ni siquiera de naturaleza humana» (Simeón, *Rel.* 4.1).

[17]   Merino (2023) analiza ese proceso de alejamiento en otra región periférica como el Peloponeso. Un panorama más amplio en Estangüi (2014: 55-85).

[18] Tesalónica era ya desde hacía casi un siglo—desde la revuelta de los zelotas y la corriente religiosa hesicasta y la guerra civil entre Juan V y Juan Cantacuceno— una ciudad que gozaba de gran autonomía.

[19] En la propia administración imperial había funcionarios de origen turco, si hacemos caso del diálogo anónimo *Mázaris* (10, 12 y 14). De esta obra hay edición bilingüe: *El viaje de Mázaris al Hades*, Rhemata, 2022.

[20] Sin embargo, Juan Anagnosta pertenece al sector de la población fiel al metropolita e interpreta la muerte de Simeón como una desgracia, porque lo consideraba una «fuerza vital» para la ciudad y niega que la traicionase (*Última Conquista* 3).

[21] En este apartado, que pretende responder a las cuestiones planteadas en Odorico (2005: 41) parafraseadas aquí, se exponen algunas conclusiones de un artículo anterior: "La elaboración del sufrimiento en la caída del Imperio Romano de Oriente", *Cortante* 1 (2022: 77-107).

[22] «…no queden relegadas a la tumba del silencio cosas dignas de ser escuchadas» (1); «exposición minuciosa» (2). Sin embargo, como se verá más adelante, su objetivo principal es utilizar el registro de la narración histórica para dejar su testimonio de los acontecimientos, no hacer constar la verdad de los hechos (Odorico, 2005: 40).

[23] El recurso de la demanda externa, real o ficticia, cuenta con un precedente directo en el proemio de

*El saco de Tesalónic*a: «...en lo que de mi parte solicitas saber por escrito».

24 Jorge Esfrantzes, autor de otro testimonio contemporáneo, la *Crónica breve de la caída de Constantinopla*, presenta este principio en una fórmula casi tautológica: «Oíd palabras verdaderas, puesto que presento la verdad misma como testigo» (*Chr*. 23, 5).

25 Como el propio Anagnosta recuerda implícitamente (2), su obra sigue, entre otros, la pauta de Juan Cameniata: aparte del formato de relato compuesto a petición de otro, hay ciertas concomitancias que nos llevan a inducir que el primero conoció y tuvo en cuenta la obra del segundo. Basten tres imágenes para confirmar la hipótesis: la de las flechas de los turcos cayendo como un trueno de piedra (Merino, 2016: 29, *Última Conquista* 8), la de los atacantes despreciando la muerte como fieras salvajes (Merino, 2016: 29, *Última Conquista* 12) y la de las jóvenes, reservadas para la boda en la casa paterna sin contacto con varones y llevadas a la fuerza por los otomanos a las tiendas (Merino, 2016: 14, *Última Conquista* 38). Michael, 2014: 39-40; Kaltsogianne, 2002: 74; Melville-Jones, 2006: 147; Koustourizou, 2016: 4 confirman la influencia del modo de escribir de Cameniata en este relato. Para Cameniata, véanse Böhlig (1973) y Frendo-Fotiou (2000). Hay traducción al español: *El saco de Tesalónica* (Alianza Editorial, 2016).

26 Los afectos se activan transmitiendo emociones a través del texto con recursos retóricos, unas veces

figuras del pensamiento («como enloquecidos por el deseo de destruirnos, incitándose unos a otros a masacrarnos», 10) y otras con figuras de apelación («Hasta entonces habíamos tenido ventaja. ¡Ojalá durante ese día, en la adversidad, la hubiésemos mantenido!», 11).

[27]   El estupor por la insensata destrucción ordenada por Murad se percibe en la descripción del sepulcro de san Demetrio (16), en los presagios que incrementan el miedo (6) y en la confusión reina por doquier (4). Y nadie es responsable (8). Por otra parte, también en este aspecto Anagnosta cuenta con antecedentes en la obra de Cameniata: una vida muelle y disoluta como causa, 13; actitudes desquiciadas, 37; pérdida de toda esperanza, 43; estupor ante el desplome de una civilización, 69.

[28]   Hasta el punto de desear que la ciudad hubiese sucumbido por una catástrofe natural y hubiese dejado de existir (21).

[29]   En el capítulo 21 el autor no se arrepiente de haber regresado a la ciudad, muestra su aflicción al ver que las perspectivas de la integración en una nueva sociedad otomana en paz, estabilidad y seguridad se frustran definitivamente y evoca el pasado proyectándolo sobre un futuro imposible: habría en Tesalónica una comunidad cristiana sobresaliente, de no ser por las «abominables decisiones» de Murad.

[30]   Los prodigios y los desastres naturales se registran habitualmente, a la manera analística, en las crónicas bizantinas. Es un recurso común en la histo-

riografía en general, pero cuenta con antecedentes también en los testimonios anteriores de conquistas de la ciudad desde los primeros milagros de san Demetrio (Michael, 2014: 93-94).

[31]   Baste como ejemplo el perverso alborozo de los conquistadores ante el espectáculo de la convivencia impuesta y forzada de monjes con mujeres en un mismo campo de prisioneros (14).

[32]   Por poner un ejemplo de otra época, Juan Cameniata recurre sistemáticamente a la estultización y la animalización del enemigo (*adiestrados en la masacre*,18; *locos, sedientos de sangre humana, fieras salvajes, desesperados*, 24; *lobos indómitos y rabiosos*, 52).

[33]   'Sociodicea cristiana' la denomina Giner (2015: 44).

[34]   Cameniata apunta repetidamente la función ejemplar del sufrimiento como lección de vida para la posteridad (dejar «al mundo una nueva y terrible lección», 13; aprender a abstenerse de los «propios vicios y orientar los actos a la virtud», 14, encontrar «un motivo cualquiera para arrepentirnos y salvarnos, convirtiendo la calamidad en seguridad», 15; «como lección de vida» 22).

[35]   Cuatro siglos antes Juan Cameniata definía al ser humano como una naturaleza depravada (15) con tendencia natural al mal (14) que lo convierte en indig-

no de glorificar y ensalzar a Dios (12) y, como es de esperar, consideraba al pecado –hace una relación de ellos (13)– causa última del sufrimiento (17).

[36] Recuérdese que nuestro relato menciona la construcción de unos baños que se finalizaron en 1444. Böhlig 1973: XXI-XXIV fechó erróneamente el códice en 1439.

[37] Las referencias de las ediciones y traducciones modernas son las siguientes: Anagnosta, 1958; Anagnosta, 1985; *Diigisis peri tis telefteas aloseos tis Thessalonikis*, Universidad de Ankara, 1989 (M. Delilbasi); *Thessalonique: Chroniques d'une ville prise, Anacharsis*, 2005 (P. Odorico); Χρονικά των αλώσεων της Θεσσαλονίκης, Agra, 2010 (Ch. Messes).

BIBLIOGRAFÍA

Fuentes primarias:

Böhlig, G. (1973) *John Kaminiates' De expugnatione Thessalonicae*, Berlin: De Gruyter.

Frendo, D. - Fotiou, A. (2000) *John Kaminiates. The capture of Thessaloniki*, Perth: Australian Association for Byzantine Studies.

Grecu, V. (1966) *Georgios Sphrantzes. Memorii 1401-1477 în anexă Psuedo-Sphrantzes: Macarie Melissenos Cronica 1258-1481*, Bucarest: Editura Academiei Republicii Socialiste Romania.

Lefort, J. - Oikonomidès, N. - Papachryssanthou, D. - Kravari, V. - Métrévéli, H. (1990) *Actes d'Iviron. II, Du milieu du xie siècle à 1204*, París: Peeters.

— (1994) *Actes d'Iviron. III, De 1204 à 1328*, París Peeters.

Melville Jones, J. R. (1988) *Eustathios of Thessaloniki. The Capture of Thessaloniki*, Canberra : Australian Association for Byzantine Studies.

Merino, J. (2016) *Juan Cameniata. El saco de Tesalónica*, Madrid: Alianza Editorial.

— (2022) *Jorge Esfrantzes, Crónica breve de la caída de Constantinopla*, Granada: Centro de Estudios Bizantinos, Neogriegos y Chipriotas.

Ortolá, F. J. - Alconchel, F. (2006) *Ducas. Historia turco-bizantina*, Madrid: A. Machado Libros.

Pachalidis, S. (1991) *Ὁ βίος τῆς ὁσιομυροβλύτιδος Θεοδώρας τῆς ἐν Θεσσαλονίκῃ*, Tesalónica: Κέντρο Αγιολογικών Μελετών.

Simeón de Tesalónica (1979) *Politico-historical works of Symeon Archbishop of Thessalonica (1416-17 to 1429)*, Verlag der Österreichischen Akademie der Wissenschaften.

Rel.: Relato histórico,: B8, ps. 39-60.

Pol.: Sermón en defensa de mi partida a Constantinopla, B5, ps. 70-76.

Informe: Informe para el augusto déspota don Andrónico, B15, ps. 78-82.

Trapp, E. (1976) *Prosopographisches Lexikon der Palaiologenzeit*, Viena: Verlag der Österreichischen Akademie der Wissenschaften.

Tsaras, I. (1958) *Αναγνώστου Ιωάννης Διήγησις περί της τελευταίας αλώσεως της Θεσσαλονίκης - Μονωδία επί τη άλωσει της Θεσσαλονίκης*, Tesalónica: Εταιρεία Βυζαντινών Σπουδών.

— (1985) *Η τελευταία άλωση της Θεσσαλονίκης (1430)*, Tesalónica: Αφοί Κυριακίδη.

Fuentes secundarias:

Ámantos, K. (1939) "Οι προνομιακοί ορισμοί του μουσουλμανισμού υπέρ των χριστιανών", *Ελληνικά* 9, 103-166.

Anton, F. (2017) "Antropología del sufrimiento social", *Antropología Experimental* 17, 345-355.

Aranguren, J.P. (2010) "De un dolor a un saber: cuerpo, sufrimiento y memoria en los límites de la escritura", *Papeles del CEIC* 2, 1-27.

Balfour, D. (1979) *Politico-Historical Works of Symeon Archbishop of Thessalonica (1416/17 to 1429)*, Viena: Österreichische Akademie der Wissenschaften.

Bees, N. (1905) "Οι Εβραίοι της Λακεδαιμονίας και του Μυσθρά", *Ο Νουμάς* 3, 10-11.

Bowman, S. (1985) *The Jews of Byzantium (1204-1453)*, Alabama: University of Alabama Press.

Blair, E. (2001) "El espectáculo del dolor, el sufrimiento y la crueldad", *Controversia* 178, 83-93.

Canivet, P. - Oikonomides, N. (1982-1983) [Jean Argyropoulos], "La comédie de Katablattas: invective Byzantine du XVe s.", *Δίπτυχα* 3.

Chatziantoniou, E. (2014) "Le rôle politique, social et judiciaire des archevêques de Thessalonique dans la dernière période byzantine, xive-premier tiers xve siècle", en E. Mallamud - M. Ouerfelli (eds.), *Villes méditerranéennes au Moyen Âge*, Aix-en-Provence: Presses universitaires de Provence, 263-275.

Chrysostomides, J, (2011) "Venetian commercial privileges under the Palaeologi", en M. Heslop - J. Crhysostomides - Ch. Dendrinos (eds.), *Byzantium and Venice: 1204-1453*, Londres: Routledge, 267-356.

Das, V. (2008) "La antropología del dolor", *Sujetos del dolor, agentes de dignidad*, en F. A. Ortega (ed.), Universidad Nacional de Colombia, Bogotá, 409-436.

Dennis, G. (2004) "The Late Byzantine Metropolitans of Thessalonike", en A. M. Talbot (ed.), *Symposium on Late Byzantine Thessalonike*, Washington: Dumbarton Oaks, 255-263.

Espinosa, N. (2007) "Política de vida y muerte. Apuntes para una gramática del sufrimiento de la guerra en la Sierra de la Macarena", *AIBR. Revista de Antropología Iberoamericana* 2, 43-66.

Estangüi, R. (2014) *Byzance face aux Ottomans. Exercice du pouvoir et contrôle du territoire sous les derniers Paléologues (milieu XIVe – milieu XVe siècle)*, París: Publications de la Sorbonne.

Frendo, J.D. (1997), "The Miracles of St. Demetrius and the Capture of Thessaloniki", *Byzantinoslavica* 58, 205-224.

Ganchou, T. (2003) "Giacomo Badoer et kyr Théodôros Batatzès, «chomerchier di pesi» à Constantinople (*flor.*1401-1449)", *Révue des Études Byzantines* 61, 49-95.

Giner, S. (2015) "Sociodicea", *Clivatge* 3, 32-50.

Gkala-Georgilá, E. (2020) "Πληροφορίες για τα θαλάσσια οχύρωση της Θεσσαλονίκης στην περιοχή της πλατειας Ελευθερίας", *Θεσσαλονικέων Πόλις* 1, 17-33.

Hinterberger, M. (2006) "Tränen in der byzantinischen Literatur: Ein Beiträg zur Geschichte der Emotionen", *Jahrbuch der Österreichischen Byzantinistik* 56, 27-51.

Jacoby, D. (2003) «Foreigners and the Urban Economy in Thessalonike, c. 1150-c. 1430", *Dumbarton Oak Papers* 57, 85-132.

Janin, R. (1975) *Les églises et les monastéres des grands centres byzantins*, París: Peeters Leuven.

Kaltsogianne, E. - Kotzampase, S. - Paraskeyopoulou, I. (2002) *Η Θεσσαλονίκη στη βυζαντινή λογοτεχνία. Ρητορικά και απολογικά κείμενα*, Tesalónica: Κέντρο Βυζαντινών Ερευνών.

Kekhimoglou, E. (2001) *Τα Μυστήρια της Θεσσαλονίκης*, Tesalónica: University Studio Press, 137-174.

Kiousopoulou, T. (2001) "Η κοινωνική διάσταση της σύγκρουσης ανάμεσα στους ενωτικούς και ανθενωτικούς τον 15ο αιώνα", *Μνήμων* 23, 25-35.

— (2008) *Βασιλεύς ή οικονόμος. Πολιτική εξουσία και ιδεολογία πριν την Άλωση*, Atenas: Πόλις..

Kontogiannopoulou, A. (1998) «Το σχίσμα των Αρσενιατών (1265-1310). Συμβολή στη μελέτη της πορείας και της φύσης του κινήματος», *Βυζαντιακά* 18, 177-235.

Kouse, M. (2018) «Διήγησις περί της τελευταίας αλώσεως της Θεσσαλονίκης», Πεμπτουσία, 16.03.2018. https://www.pemptousia.gr/2018/03/diigisis-peri-tis-telefteas-aloseos-tis-thessaloni-kis-ioannis-anagnostis/

Koustourizou, A. (2016) *Πολιορκία Κωνσντινοιυπόλεως 1422 & πολιορκία και άλωση Θεσσαλονίκης 1430. Συγκριτική μελέτη*, Atenas: Universidad de Kapodistrias de Atenas [trabajo de posgrado].

Lampros, S. (1932), *Βραχέα χρονικά. `Μνημεία Ελληνικής Ιστορίας*, Atenas: Ακαδημία Αθηνών.

Leivadiote, M. (2009) *Το λιμάνι της Θεσσαλονίκης από την ίδρυση της πόλης μέχρι την κατάληψή του από τους τούρκους το 1430*, Tesalónica: Universidad de Tesalónica [tesis doctoral].

Lemerle, P. (1953) "La composition et la chronologie des deux premiers livres des Miracula S. Demetrii", *Byzantinische Zeitschrift* 46, 349-61.

Maisano, R. (2003) "L'immagine dei 'barbari' nella cronaca di Giorgio Sfranze", en R. Morabito (ed.), *Studi in onore di Riccardo Picchio*, Nápoles: M. D'Auria Editore, 131-141.

Marke, E. (2013) "Το Κωνσταντίνειο λιμάνι και άλλα βυζαντινά λιμάνια της Θεσσαλονίκης", en A. Semoglou - I.P. Arvanitidou - G. Gounare (eds.) *Λεπετυμνος. Μελέτες Αρχαιολογίας και Τέχνης στη μνήμη του Γεωργίου Γούναρη. Ύστερη ρωμαϊκή, βυζαντινή, μεταβυζαντινή περίοδος,* Tesalónica: Κ. & Μ. Αντ. Σταματούλη, 77-90.

Matschke, P. (2002) "Commerce, Trade, Market and Money", *Evolution and Human Behavior* 2, 779-782.

Matta, J. P. (2010) "Cuerpo, sufrimiento y cultura; un análisis del concepto de 'técnicas corporales' para el estudio del intercambio lástima-limosna como hecho social total", *Revista Latinoamericana de Estudios sobre Cuerpos, Emociones y Sociedad* 27-36.

Mazower, M. (2009) *La ciudad de los espíritus*, Barcelona: Editorial Crítica.

Melville-Jones, J. (2006) *Venice and Thessalonica 1423-1430: the Greek Accounts*, Padua: Unipress, 87-142.

Mentsos, A. (1994) *Το προσκύνημα του Αγίου Δημητρίου Θεσσαλονίκης στα βυζαντινά χρόνια*, Atenas: Βάνια-Εταιρεία των Φίλων του Λαού.

Merino, J. (2019) *Anónimo. Las vicisitudes de Timarión*, Reus: Editorial Rhemata.

— (2022) *Anónimo. El viaje de Mázaris al Hades*, Reus: Editorial Rhemata.

— (2023) "Corte imperial y clanes peloponesios: una relación tensa en el ocaso del Imperio", *Erytheia* 44, 167-189.

— (2025) "Metáfrasis en la *Crónica extensa de la caída de Constantinopla*", *Estudios Bizantinos* 12 [en prensa].

Mertzios, K. (1947) *Μνημεία Μακεδονικής Ιστορίας*, Tesalónica: Εταιρεία Μακεδονικών Σπουδών.

Messes, Ch. (2006) "La mémoire du 'je' suffrant: construire et écrire la mémoire personnelle dans les récits de captivité", en P. Odorico - P. Agapitos - M. Hinterberger (eds.), *L'écriture de la mémoire. La littérarité de l'historiographie, Actes du IIIe colloque international «ERMHNEIA», Nicosie, 6-7-8 mai 2004*, París: Centre d´ Études Byzantines, néo-helléniques et sud-est européennes), 107-146.

Michael, G. (2014) *Πηγές των τριών Αλώσεων της Θεσσαλονίκης. Συγκριτική Μελέτη*, Tesalónica: Universidad de Tesalónica [trabajo posdoctoral].

Moniou, N. (2006) *Θεσσαλονίκη 1423-1430. Ή Βενετοκρατία καὶ ἡ τελευταία ἄλωση ἀπὸ τοὺς Τούρκους*, Atenas: Κυριακίδης.

Mpakirtzes, Ch. (2003) "The urban continuity and size of late Byzantine Thessalonike", *Dumbarton Oak Papers* 57, 35-64.

Nikou, D. (2016) *Οι "ιστορικοί λόγοι» στη βυζαντινή λογοτεχνία*, Tesalónica: Universidad de Tesalónica [tesis doctoral].

Odorico, P. (2005) Thessalonique. Chroniques d'une ville prise, Toulouse: Anacharsis.

Ortega, F., "Rehabitar la cotidianidad", en V. Das (ed.) *Sujetos del dolor, agentes de dignidad*, Bogotá: Pontificia Universidad Javeriana,15-69.

Papadrianou, Y. (1968) "Η άλωση της Θεσσαλονίκης στα 1430 και ο Σέρβος δεσπότης Γεώργιος Μπράνκοβιτς (Djuradj Brankovic)", *Μακεδονικά* 8, 401-405.

Petit, L. (1918) "Le synodicon de Thessalonique", *Révue des Études Byzantins* 114, 236-254.

Philippides, M. (2018) *Constantine XI Dragaš Palaeologus (1404-1453). The Last Emperor of Byzantium*, Londres: Routledge.

Raptes, K. (2017) "Ο εμπορικός χάρτης της βυζαντινής Θεσσαλονίκης: ιχνηλατώντας τις αγορές της πόλης από τον 9ο αιώνα έως την οθωμανική κατάκτηση", *Δελτίον της Χριστιανικής Αρχαιολογικής Εταιρείας* 38, 105-124.

Sarantakos, D. (2010) "Τι απέγιναν οι Εβραίοι της Λακεδαιμονίας", *Χρονικά. Έκδοση του Κεντρικού Ισραηλιτικού Συμβουλίου της Ελλάδος* 225, 6-8.

Savvides, A. (2010) "Ο Λάκων Ιωάννης Άρατος και οι Ιουδαίοι της Σπάρτης στα τέλη του 10ου μ.Χ. αιώνα", *Χρονικά. Έκδοση του Κεντρικού Ισραηλιτικού Συμβουλίου της Ελλάδος* 225, 9-17.

Sansaridou-Hendrickx, T. (2013) "Cultural and Social, Differentiations according to the Διήγησις περὶ τῆς τελαυταίας ἁλώσεως τῆς Θεσσαλονίκης", *Ekklesiastikos Pharos* 95, 25-45.

Sathas, C. (1880) *Documents inédits relatifs à l'histoire de la Grèce au moyen âge I*, París: Maissonneuve.

Signes, J. (2024) "Byzantine identity: territory and language", en D. Dueck - G. Cruz Andreotti (eds.), *The Mediterranean: A view from the East* (en prensa).

Skedros, J. C. (1996) Saint Demetrios of Thessaloniki: Civic Patron and Divine Protector 4th-7th Centuries, Harrisburg: Harvard Divinity School.

Soler, I. (2016) *Miguel de Cervantes: los años de Argel*, Barcelona: Acantilado.

Stravrou, A. (2010) *Socio-Economic Conditions in 14th and 15th Century Thessalonike: a New Approach*, Birmingham: Universidad de Birmingham [tesis doctoral].

Stravrou, A. (2013) "The Thessalonian discourse (c.1380-1430): a synecdoche for developments in Late Byzantine society", *Byzantiaka* 30, 243-265.

Stouraites, G. (2017) "Reinventing Roman Ethnicity in High and Late Medieval Byzantium", *Medieval Worlds* 5, 70-94.

Tafrali, O. (1876) *Topographie de Thessalonique*, París: P. Geuthner.

— (1913) *Thessalonique au quatrozième siècle*, París: P. Geuthner.

Theocharides, Y. (1975) "Βιβλιοκρισίαι", *Μακεδονικά* 15, 371-395.

Theocharides, Y. (1978) "Μια εξαφανίσθεισα μεγάλη μονή της Θεσσαλονίκης: η μονή του Προδρόμου", *Μακεδονικά* 18, 1-26.

Treadgold, W. (1997) *A History of the Byzantine State and Society*, Standford: Stanford University Press.

Tsaras Y. (1977) "Η Θεσσαλονίκη από τους Βυζαντινούς στους Βενετσιάνους (1423-1430)", *Μακεδονικά* 17, 85-123.

Tsaras Y. (1972) "Το συνοικό της Θεσσαλονίκης και ο διάδοχος του αρχιεπίσκοπου Γρηγόριου", *Μακεδονικά* 12, 264-269.

Tsiaples, Y. (2014) *Πολιορκίες και αλώσεις στα βυζαντινά ρητορικά και αγιολογικά κείμενα*, Tesalónica: Universidad de Tesalónica [tesis doctoral].

Vakalopoulos, A. (1939) "Η παρά την Θεσσαλονίκην βυζαντινή μονή του Χορταΐτου", *Επετηρίς Εταιρείας Βυζαντινών Σπουδών* 15, 280-287.

Vryonis, S.T. (1986) 'The Ottoman Conquest of Thessaloniki in 1430', en A. Bryer - H. Lowry (eds.), *Continuity and Change in Late Byzantine and Early Ottoman Society*, Birmingham: University of Birmingham Centre for Byzantine Studies, 281-321.

Zhigalova, N. E. (2020) "Sotsial'nye protivorechiia v Fessalonike v period osmanskoi osady 1422-1430 gg." [Social Contradictions in Thessalonica during the Ottoman Siege of 1422-1430], *Izvestia. Ural Federal University Journal* 22, 112-125.

Zoras, G. (1958) *Χρονικὸν περὶ τῶν τουρκικῶν σουλτάνων κατὰ τὸν Βαρβερινὸν 111*, Atenas: Πανεπιστήμιο Αθηνών.

ΙΩΑΝΝΟΥ ΑΝΑΓΝΩΣΤΟΥ

Διήγησις περὶ τῆς τελευταίας ἁλώσεως τῆς Θεσσαλονίκης συντεθεῖσα πρός τινα τῶν ἀξιολόγων, πολλάκις αἰτήσαντα περὶ ταύτης, ἐν ἐπιτόμῳ.

(1) Πολλὰ μὲν ἡμῖν πολλάκις καὶ ἄλλα τὸ τῆς ψυχῆς σου φιλόπονον ἀριδήλως ἐγνώρισεν, ἀνδρῶν ἄριστε καὶ φιλομαθέστατε, οὐχ ἧττον δὲ καὶ ἡ πρὸς τὴν διήγησιν τῶν ἤδη τῇ περιφανεῖ τὸ πρότερον πόλει Θεσσαλονίκῃ συμβεβηκότων σπουδή σου καὶ τὸ λόγοις ἡμᾶς συνετῶς ἄγαν ἔχουσι διεγεῖραι, ταύτην ὡς ἂν ἐπίδηλόν σοι κατὰ δύναμιν θέσθαι τὴν ἡμετέραν σπουδάσωμεν καὶ ὥσπερ ὑπ' ὄψιν ἀγάγωμεν. Δείκνυσι γάρ σου περιφανῶς τὴν ψυχήν, περὶ τὴν τῶν ἀναγκαίων ὅπως μάθησιν ἔχει καὶ ὡς ἐκ τοῦ προσέχειν ἱστορίαις καὶ λόγοις, οἷς ἄνθρωποι πρὸς τὰ κρείττω σαφῶς μετατίθενται, τῶν μελλόντων ὅλη καὶ μὴ μεθισταμένων καθίσταται.

Juan Anagnosta

BREVE RELATO SOBRE LA ÚLTIMA CONQUISTA DE TESALÓNICA[1]

Compuesto en forma de epítome para un notable que lo ha solicitado muchas veces

(1) Con frecuencia, varón excelente y amante del conocimiento, muchas y variadas circunstancias nos han hecho conocer claramente el empeño de tu alma[2]. Y, no menos, tu afán por el relato de lo acontecido hasta ahora en la antaño célebre ciudad de Tesalónica nos ha estimulado no menos mediante argumentos, muy inteligentemente, a empeñarnos en esclarecértelo en la medida de nuestras posibilidades y a en cierto modo ponerlo delante de tus ojos. Pues muestra claramente que toda tu alma está dispuesta a aprender enseñanzas indispensables y presta atención a historias y relatos de lo que no cambia y de lo que va a suceder, con los que las personas claramente mejoran.

Πλὴν ἀλλ᾽ οὕτω θαυμασίας οὔσης γε τῆς σπουδῆς, ἐκεῖνο πᾶς ὁστισοῦν εὖ φρονῶν, οἶμαι, τῶν οὐκ ἐπαινουμένων ἂν οἰηθείη, ὅτι γε τοὺς εἰς ἄκρον δυνάμεως λόγων ἐληλακότας παραδραμὼν καὶ προὔργου παντὸς τὸ λογογραφεῖν ἀεὶ ποιουμένους, ἐμοὶ τὴν τοσαύτην ἐγχείρησιν ἀπερισκέπτως ἀνέθου, νωθρότητι διανοίας ἀμαθῶς ἀληθῶς ἔχοντι περὶ λόγους καὶ πρὸς πᾶσαν ἡντινοῦν ἀγαθῶν κτῆσιν ῥαθυμοῦντι καθάπαξ. Καὶ ταὐτόν, οἶμαι, πέπονθας ταῖς μελίσσαις, ὅτε τὰς ἀρχὰς ζητεῖν τοῦ μέλιτος κατεπείγονται· παρατρέχουσι μὲν γάρ, ὥς φασι, τῶν ἀνθέων τὰ εὔοσμα, ἐφίπτανται δὲ τῷ θύμῳ, φυτῷ δριμύτητος γέμοντι καὶ λίαν ἀνόσμῳ.

Ἀλλὰ δεινὸν ἡ φιλία, πάντας ἁπλῶς τοὺς ἐνισχυμένους γε ταύτῃ πάντα καὶ λέγειν ὑπὲρ τῶν φίλων καὶ πράττειν πρὸς βίαν κινοῦσα, τὸν παρὰ τῶν πολλῶν ἔπαινον αὐτοῖς προξενεῖν εἰωθυῖα. Τοῦτο γὰρ ἦν τὸ καὶ σὲ τοσοῦτον ἡμᾶς ἀναπεῖσαι καταναγκάσαν, τὴν ἐκ τῶν ἀκουόντων ἡμῖν εὐφημίαν ἴσως προσγενέσθαι βεβουλημένον, κἀντεῦθεν τῇ φιλίᾳ χαρίσασθαι.

Ἐγὼ μὲν οὖν βουλοίμην ἂν τὴν σιωπὴν ὡς ἀκίνδυνον μᾶλλον ἑλέσθαι καὶ τὴν παροῦσαν ὑπόθεσιν ὡς τὴν ἐμὴν ὑπερβαίνουσαν δύναμιν παραιτήσασθαι πάνυ δικαίως. Λαβὼν δ᾽ ἐπὶ νοῦν τῆς ἀπειθείας τὸν κίνδυνον ὅσος καὶ διὰ τοῦτ᾽ εἰς ἀνάγκην συνελαθεὶς ἀπαραίτητον, δεῖν ᾤμην ἕτοιμον ἐμαυτὸν παρασχεῖν σου τῇ ἀξιώσει καί σου τοὐπίταγμα πεπληρωκέναι ὡς δύναμις. Κἀπειδήπερ ἐπικλινὴς ἐγὼ καὶ εὐγνώμων πρὸς τὸ ζητούμενον ὤφθην σοι καὶ σὴν χάριν, ὧν οὐκ ἐβουλόμην κατατετολμηκέναι προῄρημαι, δίκαιον ἂν

Pero, siendo admirable el empeño, creo que nadie de buena voluntad consideraría loable que, relegando a los que han llegado a la cima del talento literario y consideran siempre absolutamente importante la composición de discursos, hayas depositado irreflexivamente semejante empresa en mí, que soy intelectualmente indolente, realmente ignorante escribiendo y perezoso de todo punto en procurarme cualquier provecho. Creo que te ha pasado lo mismo que a las abejas cuando se ven urgidas a buscar los elementos de la miel: prescinden, según dicen, de la fragancia de las flores y revolotean animosas sobre el tomillo, planta bastante inodora que rezuma acritud[3].

Pero la amistad es terrible: en general alienta a todos los que se ven abiertamente atrapados en ella a decir y a hacer a la fuerza todo por los amigos, pues los ha habituado a procurarles el elogio de la mayoría. Eso fue lo que tanto te apremió a convencernos, con intención tal vez de conseguir fama para nosotros entre la audiencia y en consecuencia dar satisfacción a la amistad.

Yo preferiría escoger el silencio, que es más seguro, y rehusar, con toda razón, el presente asunto, que supera mis capacidades. Teniendo en mente qué grave es el peligro de la desobediencia y forzado necesariamente por la imposibilidad de rehusar, creí que debía mostrarme dispuesto a tu petición y cumplir tu encargo en la medida de lo posible. Y, puesto que yo me muestro inclinado y considerado con tu demanda y antepongo el darte satisfacción en aquello a lo que no quería

εἴη καὶ σὲ τῆς ἐγχειρήσεως ταύτης ἡμῖν ταῖς εὐχαῖς συνεφάψασθαι, ἵν' ὁδηγηθέντες καὶ δύναμιν ἐσχηκότες λόγου καὶ διανοίας ὀξύτητα, τῆς σῆς φανῶμεν ἄξιον ἐπιθυμίας ἐργάσασθαι καὶ μηδὲ τὴν ὑπόθεσιν καθυβρίσωμεν.

Παρακαλῶ δὲ καὶ πάντας τοὺς ἐντευξομένους τῷ πάσης ἀμουσίας πεπληρωμένῳ τῷδε συγγράμματι συγγνώμην ἡμῖν παρασχεῖν ἐξ ἑτοίμου, τὴν ἡμετέραν εὐπείθειαν ἀποδεξαμένους. Οὐ γὰρ δυνάμει λόγων τεθαρρηκότες ἐπὶ τοῦτο προήγμεθα, ἵνα καὶ μέμψιν σχῶμεν δικαίως παρὰ τοῦ βουλομένου παντὸς (πολλοῦ γε καὶ γὰρ δέομεν τοῦ λόγους εἰδέναι καὶ τούτοις γε χρῆσθαι κατ' ἐπιστήμην θαρρεῖν), τῇ δ' ἐπιταγῇ τοῦ προστεταχότος ἡμῖν καὶ τῷ μὴ μέμψιν ἔχειν, εἴ τις τὴν ἑαυτοῦ πρός τι τῶν ἀναγκαίων ἐνδείκνυται δύναμιν, ἀνέγκλητον εἶναι, οἰόμενοι πανταχοῦ τὸ πάνθ' ὁντινοῦν μὴ πρὸς ἐπίδειξιν, πρὸς δὲ τὸ μὴ τάφῳ σιγῆς παραπέμπεσθαι τὰ πρὸς ἀκρόασιν ἄξια, τοῖς κατὰ δύναμιν ἐγχειρεῖν λόγοις ἑκάστοτε. Ποιήσομαι δὲ τὸν λόγον ἁπλοῦν τε καὶ εὔληπτον, ἀλλὰ δὴ καὶ συνεσταλμένον ὡς τὰ πολλὰ κατὰ τὸν σὸν λόγον, τἀναγκαῖα μόνον περιλαβὼν καὶ ὅσα δὴ παρεθέντα ζημία σοι λογισθήσεται πρὸς ἀκρόασιν κεχηνότι.

(2) Εἰ μὲν οὖν τις ἐτύγχανες ὢν τῶν οὐκ εἰδότων τὴν πόλιν, τὰ καθ' ἕκαστόν τε ἠγνόεις αὐτῆς, ὥσπερ οἱ πρῶτον ἐξ ἀλλοδαπῆς εἰς ἑτέραν μετοικήσαντες πόλιν, ἕως ἂν τὸ τοῦ χρόνου μῆκος ταύτην αὐτοῖς κατὰ μέρος γνωρίσειεν, ἐδεόμην λόγων ἂν ἐνταῦθα μακρῶν, ἵνα μηδὲν τῶν τῆς πόλεως τὴν σὴν διαφύγῃ

aventurarme, sería justo que te aplicases a esta empresa con tus votos por nosotros, para que, bajo tu guía y poseedores de talento literario y agudeza intelectual, alumbremos una obra digna de tus aspiraciones y no envilezcamos el asunto[4].

Pido que todos los que lean este escrito totalmente falto de armonía nos concedan con presteza su perdón y que acepten nuestra pronta obediencia. No lo hemos sacado adelante confiados en el talento literario, para que nos lo reproche con razón quienquiera (estamos lejos de saber escribir y de confiar en manejar estas cuestiones con conocimiento), sino por encargo de quien nos lo ha encomendado y por no haber reproche en que alguien muestre su talento en algo útil, creyendo nosotros que no puede censurarse que cada uno, quienquiera que sea, según su capacidad, componga relatos, no por exhibición, sino por que no queden relegadas a la tumba del silencio cosas dignas de ser escuchadas[5]. Haré un relato sencillo y fácil de comprender, pero sucinto las más de las veces, según tus indicaciones, abarcando solamente lo importante y lo que, de ser relegado, tú, que estás expectante ante lo que vas a oír, considerarás sin duda una pérdida.

(2) Si fueses uno que no conoce la ciudad e ignorases sus pormenores −como los oriundos de una ciudad extranjera que se trasladan a otra por vez primera, hasta que el paso del tiempo se la descubre gradualmente−, sería preciso que yo la describiera aquí por extenso para que nada de la ciudad escapase a tu conocimiento. Pero

γνῶσιν. Ἐπεὶ δὲ πρὸς θρέμμα ταύτης τὸν λόγον ποιοῦμαι καὶ ἀκριβέστερον ἢ πολλοὺς ἄλλους τὰ κατ' αὐτὴν ἐγνωκότα, μάτην οἱ μακροὶ περὶ τούτων λόγοι καὶ ἡ περὶ τῆς θέσεως μεγέθους τε καὶ κάλλους καὶ τειχῶν ἀσφαλείας καὶ προσέτι τοῦ εὖ κεκρᾶσθαι καὶ τῶν ἄλλων ἀκρίβεια καὶ μάλισθ' ὅτι πρὸ μακρῶν ἐτῶν τὰ περὶ τῆς πόλεως ἕτεροι φιλοπόνως ἄγαν δυνάμει λόγου καὶ ῥητορικῆς εὐγλωττίας δεινότητι ἠκριβωμένως ἐξέθεντο καὶ μετὰ τὴν πρώτην πασῶν εἰπεῖν λαμπροτέραν πολλαῖς ἀποδείξεσιν ἀποφῆναι ταύτην ἐσπούδασαν. Ἐκείνοις δ' ἐμαυτὸν ἔγωγε μόνον διηγούμενος δώσω, ὧνπερ ἡ πόλις ἐν τῷ τῆς νῦν ἁλώσεως χρόνῳ πεπείρατο, καθάπερ ἔφης καὶ σὺ πρὸς ἡμᾶς, μικρὸν πρὸ ταύτης ἀπάρας ἐνθένδε καὶ διὰ τοῦτο τὸ κακὸν οὐκ εἰδὼς ἀκριβῶς ὅπως κεχώρηκε. Τὰ τῶν Λατίνων γὰρ οἶδ' ὅτι καὶ αὐτὸς οἶσθα σαφέστατα τῇ πόλει παρὼν καὶ καθ' ἑκάστην ὁρῶν τὰ γινόμενα.

Ἔπασχεν οὖν τῶν Λατίνων κρατούντων ἡ πόλις, ὡς οἶδας, καὶ ὁσημέραι θλίψεις ἡμῖν ἐπήγοντο πανταχόθεν καὶ λόγων πολλῶν παρ' ἑκάστοις, πῶς ἂν ἀνεθείημεν, γιγνομένων τρόπος ἦν οὐδ' ὁστισοῦν ὁ τούτων ἡμᾶς τῶν δεινῶν ἀπαλλάξων. Οὔτε γὰρ οἱ Τοῦρκοι τοῖς Λατίνοις ἐβούλοντο σπείσασθαι, πολλάκις πρεσβευσαμένοις περὶ τούτου καὶ δεηθεῖσιν, οὐθ' ἡμῖν ἐξῆν πρᾶξαι τὸ κατὰ γνώμην, ὀλίγοις ἄγαν καθεστηκόσι καὶ ἀνισότητι γνώμης ἀποβεβληκόσι τὸ ὁμονοεῖν, ὡς ἄρα καί σοι γνώριμον τοῦτο σὺν ἡμῖν γε ὄντι καὶ τῶν δεινῶν ἐκείνων τοῖς ἄλλοις παραπλησίως εἰληφότι τὴν πεῖραν.

puesto que voy a contárselo a uno que se ha criado en ella y que conoce lo que hay en ella con más precisión que muchos otros, no tienen sentido los textos extensos sobre esa cuestión ni la precisión a la hora de indicar el tamaño y la belleza del lugar, la seguridad de las murallas e incluso el buen clima y otras cuestiones, principalmente porque otros lo han expuesto perfectamente hace muchos años con empeño, estilo vigoroso y elocuencia oratoria y se han esforzado en demostrar con numerosas pruebas que es, digamos, tras la primera de todas, la más espléndida[6]. A esos relatos yo por mi parte solo añadiré una exposición de lo que la ciudad ha experimentado en tiempos de la actual conquista, tal como nos encargaste cuando partiste de aquí poco antes y, por eso, sin saber exactamente cómo se propagó la desgracia, pues sé que conoces muy bien personalmente lo que pasó bajo gobierno de los latinos porque estabas en la ciudad y veías cada día lo que estaba sucediendo[7].

Como sabes, durante el gobierno de los latinos la ciudad sufría y nos acuciaban pesares por todas partes cada día. A cada momento surgían muchas conversaciones sobre cómo evitar las desgracias, pero no había manera alguna de apartarlas de nosotros. Ni los turcos querían pactar con los latinos, que habían enviado frecuentes embajadas y un requerimiento sobre el asunto[8], ni a nosotros nos era posible cumplir nuestra voluntad, porque éramos demasiado pocos y no admitíamos el consenso por la discrepancia de opiniones, como tú sabes, porque estabas con nosotros y habías experimentado esas desgracias del mismo modo que los demás[9].

(3) Οὕτω οὖν ἡμῖν ἔχουσιν, ὅσαι τε ὧραι μυρία τὰ χαλεπὰ φέρουσι καὶ τὴν σωτηρίαν ἀπαγορεύουσιν, κακὸν ἐξαίφνης ἐπῆλθεν ἕτερον καὶ στερρότεραν εἰπεῖν ἀδάμαντος πλῆξαν ψυχήν. Τὸ δ' ἦν ἡ τοῦ καλοῦ ποιμένος καὶ κατὰ τὸν πρῶτον ποιμένα τὴν ψυχὴν ἐφ' ἑκάστης ἀφειδῶς ὑπὲρ τοῦ ποιμνίου τιθέντος κατὰ θεῖον βούλημα τελευτή, ἐν καλῷ μὲν ἐκείνῳ γεγενημένη, βλάβος δ' ἡμῖν ἐπενεγκοῦσα πολύ, τῶν ἐκείνου λιτῶν πρὸς θεὸν στερηθεῖσιν, αἷς ἐσωζόμεθα. Ὅτι δὲ κατὰ θείαν αὕτη βούλησιν ἦν, ἄκουε τοῦ φανέντος τῷ μακαρίῳ περιόντι κατ' ὄναρ ἐκείνῳ. Ἔδοξε πρὸ τοῦ τὴν πόλιν τῷ πολέμῳ ληφθῆναι οἶκόν τινα λαμπρὸν εἰσιέναι καὶ παμμεγέθη, περισκοπεῖν τε αὐτὸν κατὰ μέρος καὶ θαυμάζειν αὐτοῦ τό τε κάλλος καὶ μέγεθος, ἐν τούτῳ δ' ὄντι φωνὴν ἔξωθεν ἐνεχθῆναι λέγουσαν· «ὁ μὲν οἶκος οὗτος, οὗ τὰ καθ' ἕκαστον, ὦ δέσποτα, ὡς λίαν λαμπρὰ καὶ ὡραῖα θαυμάζεις περιαθρῶν, πίπτει τὸ τάχος καί, ἵνα μή σε καλύψῃ πεσών, ἔξιθι τούτου ταχέως». Οὕτως εἶχεν ἡ ὄψις καὶ εἰς ἔργον ἧκεν οὐκ εἰς μακράν.

Ἐκεῖνος μὲν γάρ, ἵνα ἀναφανῇ δίκαιος καὶ τῶν πολλῶν τῆς ἀρετῆς ἐκείνου καμάτων λάβῃ τὰς ἀντιδόσεις, εἰκότως οὕτω καὶ πρὸ τῆς κοινῆς συμφορᾶς, πρὸς ὃν ἐπόθει κύριον ἐξεδήμησεν. Οὐ γὰρ δίκαιον τοῦτο παρὰ θεῷ κέκριτο, τοιούτων ἵνα κακῶν πεῖραν σχῇ καὶ κοινωνήσῃ τῶν ἴσων ἡμῖν· «ἀνόμοιος γὰρ ἦν τοῖς ἄλλοις ὁ βίος ἐκείνου καὶ ἐξηλλαγμέναι αἱ τρίβοι», τοῦ Σολομῶντος εἰπεῖν, «ἡμεῖς δὲ κακίας γέμοντες ὅλως, καὶ ὀπίσω τῶν ἐνθυμάτων τῆς καρδίας ἡμῶν τῆς

(3) Así estaban las cosas para nosotros. Cada hora nos traía innumerables dificultades e impedía la salvación. Otra desgracia vino de pronto a herir incluso a un alma más dura, digamos, que el acero. Fue la muerte, por voluntad de Dios, del buen pastor, que, como el Primer Pastor, entregaba cada día su alma sin contemplaciones por el rebaño[10]. Fue buena para él, pero a nosotros nos causó mucho daño, porque nos privó de las súplicas salvíficas que enviaba a Dios, con las que nos redimía. Fue por voluntad divina: escucha lo que se le apareció a aquel bienaventurado en sueños cuando aún estaba vivo. Le pareció que, antes de que la ciudad fuese tomada en combate, entraba en un edificio resplandeciente e inmenso, cuya belleza y dimensiones examinaba minuciosamente y admiraba. Estando en él le llegó de fuera una voz que decía: «Este edificio, señor, cuyos resplandecientes y hermosos detalles contemplas y admiras, va a derrumbarse de un momento a otro. Sal de él rápidamente para que no te entierre cuando caiga». Así fue la visión y no tardó en suceder[11].

Por haber sido justo y para recibir la compensación de las muchas fatigas de su virtud, él partió así, naturalmente, con el Señor –con el que anhelaba juntarse– antes de la común desgracia. El Señor no consideró justo que experimentase semejantes desgracias y participase de la misma suerte que nosotros. «Su vida no fue igual que las demás y diferentes fueron los caminos», dice Salomón. «Nosotros estamos colmados de maldad y seguimos las ocurrencias de nuestro malvado corazón», según Jeremías, «como los antiguos detractores

71

πονηρᾶς», τοῦτο δὴ τὸ τοῦ Ἰερεμίου, «πορευόμενοι καὶ κατὰ τὸν πάλαι γογγυσταὶ τυγχάνοντες Ἰσραήλ», κατὰ τὴν ἡμετέραν ἐπιθυμίαν ἀπολαύειν ὅπως οὐκ ἔχωμεν τῶν πραγμάτων, δικαίως οὕτω πεπράγαμεν δυστυχέστατα καὶ τούτου τἀνδρὸς ἐστερήμεθα, μόνου περιλειφθέντος ἐν τοιούτοις καιροῖς καὶ τοσούτοις ἀνιαροῖς παραμύθιον. Πάντες γὰρ ὥσπερ τινὰ δύναμιν ζωτικὴν ἐν ἡμῖν ἐνομίζομεν τοῦτον καὶ τὴν τελευτὴν ἐκείνου μηδὲν ἄλλο νομίζειν εἴχομεν ἢ τῆς ἐφ᾽ ἡμᾶς τοῦ θεοῦ δικαιοτάτης παιδείας οἷον προοίμιον. Τοῦτο τῶν κατειπεῖν ᾑρημένων ἐκείνου σαφέστατος ἔλεγχος καὶ τοὺς ἀδικίαν κατ᾽ ἐκείνου λαλοῦντας ὅτι μὴ προδοσίαν ἐσκέψατο, μηδὲ τῶν σφίσι δοκούντων συνιέντας βαθύτερον, ἐνδίκως ἐπιστομίζει. Οἶμαι γὰρ ἐγώ, δεῖξαι βουληθεὶς ὁ θεὸς οἷος μὲν ὁ ἱερὸς ἐκεῖνος ἀνὴρ καὶ τίνων ἄξιος ἦν, οἷοι δ᾽ ἡμεῖς καὶ τίνας εἰσπραχθῆναι δίκας δίκαιοι ἦμεν, διὰ τοῦτο τὰ καθ᾽ ἑκάτερον μέρος οὕτως ᾠκονόμησε συμφερόντως.

(4) Τούτου οὖν τοῦ δεινοῦ, τῆς τελευτῆς ἐκείνου φημί, προστεθειμένου τοῖς ἄλλοις καὶ πάντων τῶν ἐν τῇ πόλει, ἀνδρῶν, γυναικῶν, παίδων, Λατίνων τε καὶ αὐτῶν Ἰουδαίων, ἐλεεινῶς πρὸς ἀλλήλους διομιλούντων καὶ τὰ μὲν ἄλλα, ὅσα τούτους ἐπίεζε δηλονότι τῇ λήθῃ παραπεμπόντων, τὴν τοῦ ποιμένος δὲ στέρησιν ἐπὶ νοῦν λαμβανόντων καὶ συνεχῶς προφερόντων, τῆς τοῦ Θεοῦ τε παιδείας, ὡς προύφην, καὶ τῆς γεγενημένης ἁλώσεως καὶ λεγόντων σημεῖον τοῦτο καὶ πιστευόντων, —οὕτως οὖν διατεθέντων καὶ ὀλίγου δή τινος ἐν τῷ μεταξὺ παρεληλυθότος τοῦ χρόνου,

de Israel»[12]. Justamente obramos de la manera más desafortunada para no poder disfrutar de las cosas según nuestros anhelos y nos hemos visto privados de este varón, único consuelo que se nos había concedido en tiempos semejantes, tan dolorosos. Pues todos lo considerábamos una fuerza vital en nosotros y su muerte no tenemos que juzgarla más que como proemio de la lección más justa que Dios iba a darnos. Esta es la refutación más clara de quienes prefieren acusarlo y acalla conforme a derecho a quienes lo calumniaban injustamente de que no previó la traición, quienes en el fondo no se daban cuenta de lo que pensaban[13]. Yo creo que Dios quería mostrar qué santo era aquel varón y de qué era digno y quiénes nosotros y qué penas era justo que pagásemos. Por eso gestionó así lo que tocaba a cada una de las partes como convenía[14].

(4) Esa desgracia –su muerte, me refiero– se añadía a las demás. Y todos los habitantes de la ciudad –varones, mujeres, niños, latinos y los propios judíos[15]– se comportaban de manera miserable unos con otros y, echando en olvido claramente todo lo demás que los oprimía, tenían en mente la pérdida del pastor y se referían a ella continuamente y decían –y lo creían– que era un indicio de la enseñanza de Dios, como he dicho antes, y de la conquista que se había producido.

χεῖρον ἢ πρότερον ἔσχε τὰ πράγματα καὶ σύγχυσις παν-ταχοῦ, ἄλλων ἄλλα βουλευομένων καὶ μηδὲν ἐν ταὐτῷ συνελθεῖν δυναμένων. Καὶ παραπλήσιόν τι τοῖς ἐπὶ νηὸς χειμαζομένοις ἐπάσχομεν, ὅταν ὁ κυβερνήτης ἀπῇ· πάντα γὰρ ἐκεῖ ταράχου μεστὰ καὶ ἡ ναῦς, οὐκ ἔχουσα τὸν ἰθύνοντα ταῖς τῶν ἀνέμων βίαις τοῦ πρόσω χωρεῖν ἀκινδύνως, οὐ συγχωρεῖται.

Τῶν μὲν οὖν δὴ πλειόνων δυσχεραινόντων ὅτι μὴ σφίσιν ἐξῆν προδοῦναι τὴν πόλιν τοῖς Τούρκοις, δεδιότων ἴσως ὃ γέγονεν ὕστερον, ἄγγελος ἧκε τὸν Μουράτην ἐφ᾽ ἡμᾶς κεκινῆσθαι μηνύων, πλεῖστον ὅσον στρατὸν συναγείραντα καὶ διὰ πάντων καλῶς παρεσκευασμένον. Τοῖς μὲν οὖν δεκτέα πως ἔδοξεν ἡ ἀγγελία καὶ πιθανή, τοῖς δὲ μή, καὶ μάλιστα Λατίνοις, εἴτε μεγαλοψυχεῖν προσποιουμένοις εἴτε πεῖραν οὐκ ἐσχηκόσι τῶν Τούρκων, ᾧ καὶ μᾶλλον ἔγωγε πείθομαι. Πόθεν γὰρ εἴδησις τούτοις ἐν θαλάττῃ καὶ γεννωμένοις καὶ εἰς γῆρας διαιτωμένοις, πρὸς συμπλοκάς τε καὶ μάχας, αἷς τὸ τῶν Τούρκων κέχρηται γένος, ἔχουσιν οὐκ ἐπιτηδείως καὶ μηδὲ δυναμένοις ἢ διὰ τριηρῶν ἀπελθεῖν εἰς ὑπερορίαν, ἡνίκ᾽ ἂν καὶ ἔνθα βούλοιντο;

Μικρὸν τὸ μεταξὺ καὶ πάλιν ἕτερος ἄγγελος ταὐτὰ τῷ προτέρῳ καὶ αὐτὸς διαγγέλλων καὶ τοὺς λόγους ὅρκοις πιστούμενος ἀσφαλέσιν, ἐφ᾽ οἷς ἐπείσθημεν μὲν ἡμεῖς, μηδὲν ἄλλο παρ᾽ αὐτὸ προσδοκῶντες (τοῦτο γὰρ ὁ πολυετὴς ἡμᾶς ἐδίδασκε συγκλεισμὸς καὶ τὰ πράγματα), ἐπείσθησαν δὲ καὶ Λατῖνοι καὶ πρὸς παρασκευὴν δεῖν ἔδοξε τούτοις διεγηγέρθαι.

En tal situación, pasado entretanto un poco de tiempo, las cosas se pusieron peor que antes y la confusión reinaba por doquier, al querer cada uno una cosa y no poder convenir en nada. Nos pasaba algo semejante a aquellos que están en una nave a la que bate una tempestad cuando falta el capitán[16]. Todo en ella es presa de confusión y la nave, no teniendo quien la gobierna contra la fuerza de los vientos, no consiente en avanzar adelante segura.

Estando la mayoría enojada porque para ellos era imposible entregar la ciudad a los turcos temiendo tal vez lo que sucedió después, llegó un mensajero avisando de que Murad se había puesto en marcha contra nosotros tras haber reunido el ejército más numeroso posible, bien pertrechado en todo[17]. A unos les pareció creíble y convincente la noticia; a otros no, especialmente a los latinos, que o bien simulaban arrogancia o bien no habían tenido la experiencia de los turcos, lo cual a mí me convence más. ¿De dónde iban a tener noticia de los combates y las batallas de las que se vale la raza turca, ellos, que nacen y viven en el mar hasta la vejez, no saben ni pueden otra cosa que marchar al extranjero en galeras, cuando y donde quieran[18]?

Entretanto, al poco, de nuevo otro mensajero anuncia lo mismo que el anterior y garantiza sus palabras con firmes juramentos que nos convencieron, no esperando nosotros otra cosa (haber estado recluidos muchos años nos revelaba la situación[19]) y convencieron también a los latinos, que decidieron que era necesario empezar con los preparativos.

(5) Καὶ δὴ πρῶτον μέν, οὗπερ ἤρξαντο πρότερον ἔργου, πρὸς τελείωσιν σπουδαιότερον διετέθησαν. Τὸ δ᾽ ἦν ἡ περὶ τὰς ἐπάλξεις αὐτῶν ἐπιμέλεια· μικρὸν γὰρ πρόσθεν διὰ φροντίδος πολλῆς πεποιήκεσαν τὰς ἐπάλξεις τοῦ τείχους παντὸς διαφράξαι σανίσιν, ὡς ἐν ἀσπίσι, τοὺς μὲν ἔξω πολεμίους ἀπειργούσαις τοῦ βέλεσι τιτρώσκειν τοὺς ἔνδον δεῆσαν προκῦψαι, τοῖς δ᾽ ἐπὶ τῶν τειχῶν ἱσταμένοις πολλὴν τὴν ἄδειαν παρεχούσαις ἀφανῶς λίθοις ἄνωθεν βάλλειν τοὺς ἐπιόντας καὶ τῷ προστυχόντι παντὶ προσπελάσαι τοῖς τείχεσι βουληθέντας. Ἔπειτα δὲ δεῖν ἀριθμῆσαι τοὺς ἄνδρας ᾠήθησαν καὶ καταμαθεῖν, εἰ πρὸς τὰς τοῦ ὅλου τείχους ἐπάλξεις καὶ τὸν περίβολον τὸν πρὸς ἤπειρον ἐξαρκοῦσι. Καὶ δὴ στῆναι πάντας ἐπὶ τῶν τειχῶν μεθ᾽ ὧν εἶχεν ἕκαστος ἐπιτρέπουσιν ὅπλων, ὡς ἂν καὶ μάρτυρας τοὺς ἰδίους ἔχωσιν ὀφθαλμούς. Οὗ δὴ γεγονότος ἦν ἰδεῖν ἐπὶ δύο καὶ τρεῖς ἐπάλξεις ἕνα ἄνδρα ἱστάμενον καὶ τούτων τοὺς πλείους μήθ᾽ ὅπλα κεκτημένους (προανάλωσε γὰρ ἡ πενία) μήτε πρὸς μάχην ἐπιτηδείους καὶ πόλεμον· τοῖς γὰρ συνεχέσι κακοῖς καὶ τῇ περὶ τὸ ζῆν ἀπορίᾳ περιήρηνται καὶ τὸ δύνασθαι. Οἱ Λατῖνοι δ᾽ ὅμως, ἄλλως οὐκ ἔχοντες διαπράξασθαι (ἄνδρας γὰρ ἑτέρους μαχίμους οὐκ εἶχον παρὰ τοὺς ὄντας τῇ πόλει), δεῖν ἐξ ἀνάγκης ᾤοντο πάντας γοῦν ἑτοίμως ἔχειν πρὸς πόλεμον.

Μεταστῆσαι δὲ καὶ τὴν ἀγορὰν πρὸς φυλακὴν ἀκριβεστέραν τῆς πόλεως δέον κεκρίκασιν, εἰ καὶ πέρας ἴσως τοῦτο λαβεῖν οὐκ ἔσχεν, ἐπιθεμένων αἴφνης τῶν πολεμίων καὶ θᾶττον ἢ πάντες προσεδοκῶμεν·

(5) En primer lugar se aprestaron a terminar con mayor diligencia el trabajo que habían empezado antes. Consistía en ocuparse de las almenas. Lo habían hecho poco antes con mucho esmero: habían reforzado las almenas de toda la muralla con tablones, como escudos que impidiesen a los enemigos externos herir con proyectiles a los de dentro, obligados a asomarse, y que, por otro lado, procurasen gran comodidad a quienes estuviesen en la muralla para arrojar piedras a los atacantes desde arriba sin ser vistos y a cualquiera que eventualmente quisiese acercarse a la muralla.

Luego consideraron que era necesario contar los hombres y saber si eran suficientes para las almenas de la muralla completa y el recinto de tierra firme. Dan orden de que se sitúen todos en la muralla con las armas que cada uno tuviese para que sus propios ojos fuesen testigos. Una vez hecho eso, había que verlo: un hombre emplazado por cada dos o tres almenas y de estos la mayoría carecía de armas (pues las había consumido antes la pobreza) y no estaba preparada para batalla o combate alguno. Las incesantes desgracias y la vida de privaciones les habían despojado de su fuerza. Sin embargo, los latinos, no pudiendo hacer nada (no tenían más hombres aptos para el combate que los que estaban en la ciudad), creían que era necesario que todos estuviesen preparados para la guerra.

Decidieron que era imprescindible trasladar el mercado para custodiar la ciudad con mayor celo, aunque igualmente no pudo llevarse a cabo, porque los enemigos atacaron de improviso y antes de lo que esperá-

«ἂν γὰρ τὴν πόλιν», ἔφησαν, «κυκλώσωσι μὲν οἱ πολέμιοι καὶ τοῦ πολεμεῖν συνεχῶς γίνωνται, ἡμεῖς δὲ πρὸς τὴν ἀγοράν, πόρρω κειμένην, ἀπίωμεν τὰ πρὸς χρείαν ὠνούμενοι, παρέξομεν ὑπὸ τῆς τῶν τειχῶν ἐρημίας τὴν πόλιν αὐτοῖς, μηδένα πόνον μηδαμῶς προϋπενεγκοῦσι.» Καλῶς οὖν διὰ πάντων καί, ὡς παρεῖχεν ἡ δύναμις, παρεσκευασμένων ἁπάντων πάντα παθεῖν ὑπὲρ τῆς πατρίδος, προθυμίαν πάντες ἐνεδειξάμεθα τὴν αὐτὴν καὶ τὴν ἐλπίδα πᾶσαν ἐπὶ θεῷ καὶ τῷ Μυροβλύτῃ Μάρτυρι σαλεύοντες ἦμεν καὶ περιεσκοποῦμεν νύκτωρ καὶ μεθ' ἡμέραν τὴν ἔφοδον τῶν βαρβάρων, καθ' ἑκάστην κατὰ τὰς ἀγγελίας αὐτοὺς ἐκδεχόμενοι.

(6) Ἡμέραι παρῆλθον αὖθις ὀλίγαι καὶ τρίτος ἄγγελος ἤδη πρὸς τὴν πόλιν ἀφῖκτο, τὴν εἰς τὰ Λαγκαδᾶ τοῦ Μουράτου δηλῶν ἄφιξιν καὶ ὡς οὐχ ἱκανὸν τὸ πεδίον, εἰς πολὺ μῆκος ἐκτεταμένον ἐκεῖνο, πρὸς τοσαύτην πληθὺν στρατευμάτων· διήγγειλε δὲ καὶ τὴν παρασκευὴν ὑπὲρ λόγον οὖσαν καὶ μὴ ῥαδίαν ῥηθῆναι. Πάλιν οὖν ἡμεῖς ἐν σπουδῇ καὶ πάλιν ἐν ἐπιμελείᾳ μεγάλῃ. Παρῆν δὲ ἡ κυρία τῶν ἡμερῶν, καὶ περὶ μέσας νύκτας σεισμὸς τῇ πόλει γίνεται μέγας καὶ φόβον ταῖς ἁπάντων ἐνῆκε ψυχαῖς, τεκμήριόν τε τοῦτο οὐκ ἀγαθῶν ἡγήσαντο πάντες πραγμάτων· οὕτω γάρ, οἳ πρὸ μακροῦ τὴν πόλιν ἐκεῖνοι συνέσειον [συ]σεισμοί, παρεσκεύασαν τοὺς ἀνθρώπους καὶ τοιαύτην ἔδωκαν ὑπόληψιν ἔχειν ἀνωμαλίας πραγμάτων κἀκεῖνοι προηγγελκότες καὶ δεινῶν ἑσμὸν ἐπαγαγόντες τῇ πόλει. Καὶ τοῦτο μὲν νυκτός.

bamos todos. Decían: «Si los enemigos cercan la ciudad, se ponen a combatir sin cesar y nosotros vamos a comprar lo necesario al mercado, que está lejos, les entregaremos la ciudad gracias a que la muralla estará desierta, sin que hagan ningún esfuerzo en absoluto»[20].

Una vez que, por esas razones, nos hubimos preparado todos bien en la medida de lo posible, para resistirlo todo en defensa de nuestra ciudad, mostramos la misma predisposición, depositábamos, agitados, toda nuestra esperanza en Dios y en el mártir Miroblita y vigilábamos día y noche el ataque de los bárbaros aguardándolos cada día según las noticias[21].

(6) Pasaron unos pocos días y llegó ya un tercer mensajero a la ciudad revelando que Murad había llegado a Langadá y que la llanura no era suficiente en su gran extensión para un ejército tan multitudinario[22]. Anunciaba también que no había palabras para los preparativos ni era fácil exponerlos. Nosotros, otra vez solícitos, otra vez con gran diligencia. Llegó el domingo y a medianoche se produce un gran terremoto en la ciudad que instiló miedo en las almas de todos y todos pensaron que era presagio de cosas no buenas. Así predispusieron a los habitantes esos terremotos que sacudían la ciudad desde hacía tiempo y les causaron impresión, prefigurando también convulsiones y provocando a la ciudad multitud de males[23]. Y eso de noche.

Ἀρξαμένης δὲ τῆς ἕω καὶ τοῦ ἡλίου καθαρῶς οὔπω τῇ γῇ τὰς ἀκτῖνας ἐπαφιέντος, τῆς στρατιᾶς τι μέρος ὁρᾶται τῇ πόλει προβάλλον, μήτε σημαίαν, ὡς ἔθος, ἠρμένην ἔχοντες, μήτε βαδίζοντες ἱλαδόν. Ὁ δὲ τρόπος· ἔδοξε τῷ Μουράτῃ φιλίοις τισὶ τοὺς ἐνοικοῦντας ἡμᾶς τῇ πόλει ῥήμασιν ὑπελθεῖν πρότερον, ὥστε μή τι τῶν ἐν ὑστέροις συμβεβηκότων γενέσθαι καὶ κακ<ῶς> τὴν πόλιν ἁλῶναι· ὑπέτρεφον γὰρ ἐλπίδες τοῖς αὐτοῦ λόγοις ταύτην εὐθὺς ὑποκλῖναι καὶ μὴ ἂν ἑλέσθαι κρατηθῆναι διὰ πολέμου. Τοῦτο δ' ἐποίησε δυοῖν ἕνεκα, τοῦ τε μὴ πόλεμον ὑποστῆναι τὸν μυριάνθρωπον ἐκεῖνον στρατόν, εἶτ' ἀποτυχόντα, μεγάλην αἰσχύνην ὀφλῆσαι καὶ τοῦ πεισθῆναι τοῖς λόγοις τῶν ἐπειγόντων αὐτὸν ἐπὶ τὴν πόλιν ἀφῖχθαι· καὶ γὰρ ἦσαν οἱ τοῦτον ἀεὶ συνωθοῦντες καὶ πείθοντες, ὡς, εἰ μόνον ὀφθείη, ταύτην ἑτοίμως ἄνευ πολέμου καὶ πόνων λαβεῖν. Πέπομφε τοίνυν ἄνδρας χριστιανούς, οὐκ ἀγνῶτας, πόλεων ἐξ ἑτέρων, ἡμῖν τὰ σωτήρια συμβουλεύσοντας καὶ κατὰ τῶν Λατίνων διεγεροῦντας ὡς οἷόν τε· οἳ καὶ παραγενόμενοι καὶ τοῖς ἀπὸ τῶν τειχῶν πεμπομένοις βέλεσι μὴ τρωθῆναι τὰ σώματα δεδιότες, ὀπισθόρμητοι γίνονται, μηδὲν ἢ ὀλίγα πρὸς ἓν μέρος δηλώσαντες, ᾧ π<ροσπελάσαι> δεδύνηνται. Ἐφ' ᾧ καὶ μεμπταῖοι <γενέσθαι> ἔδοξάν τισιν ὑποστρέψαντες· «δέον γὰρ πολλάκις καὶ κατὰ πολλὰ τῶν τειχῶν μέρη περιιέναι καὶ τὰ ὑπεσχημένα τῷ Μουράτῃ φανερὰ καταστῆσαι, λόγοις τε χρήσασθαι συμβουλίας, ὡς ἂν προθύμους παρασκευάσωσι πρὸς τὸ κοινῇ συνελθόντας σκέψασθαι τὸ συνοῖσον, οὐ καλῶς πρὸς ἡμᾶς διετέθησαν», εἶπον,

Al alba, cuando el sol aún no disparaba impecable sus rayos sobre la tierra, se divisa una parte del ejército dirigiéndose a la ciudad, sin la bandera izada, como es costumbre, ni avanzando en orden de batalla. La manera: Murad había decidido antes enviarnos a los habitantes unas palabras de amistad para que no sucediese lo que después sucedió y no tomar la ciudad por la fuerza[24]. Con esas palabras suyas volvían las esperanzas de que la ciudad se doblegaría al punto y de que preferiría no ser tomada en combate. Hizo eso por dos razones: por no someter a una guerra a ese ejército numerosísimo y luego, si fracasaba, exponerse a una gran vergüenza y por haberse dejado persuadir por los argumentos de quienes lo apremiaban a ir contra la ciudad. Estos siempre lo impelían y lo convencían de que, con solo verlo a él, la tomarían ciertamente sin guerra y sin esfuerzo. Envió entonces a cristianos insignes de otras ciudades que nos aconsejaran cómo salvarnos y sublevarnos, en la medida de lo posible, contra los latinos. Cuando se presentaron, temiendo que sus cuerpos fuesen heridos por los proyectiles lanzados desde la muralla, desvelando poco o nada, retroceden a una parte a la que pudieron <acercarse>. Por eso unos decidieron...... reprochárselo cuando regresaron[25]: «Había que recorrer muchas veces la mayor parte de la muralla, explicar las promesas a Murad y aconsejarles con palabras para que se dispusiesen a pensar juntos en sus intereses comunes. No se habían portado bien con nosotros», dijeron, «y habían hecho caso omiso al man-

«ἠμεληκότες τοῦ ἐπιτάγματος». Πλὴν ἀλλ' οὕτω μὲν οὗτοι πράξαντες ὤφθησαν, εἴτ' ἐθελονταὶ εἴτε καὶ ἄκοντες.

(7) Ὁ δὲ Μουράτης ἀνηνύτοις ἰδὼν ἐπιχειρεῖν ἐν τούτῳ τῷ μέρει (οὐ γὰρ οἷς ἔξωθεν μόνον ἐκήρυττον ἐπείθοντό τινες, ἀλλὰ καὶ πλύνειν τοῦτον ὕβρεσιν ὑπ' ἀβελτηρίας καὶ ἀλόγου θρασύτητος οὐκ ἀπώκνουν) τοῦ θυμοῦ τε γέγονεν ὅλος καὶ τὸν στρατὸν προσέταξε μεταστῆναι καὶ περὶ τὴν πόλιν στρατοπε<δεύσα>σθαι.

Οἱ δὲ προσεχώρουν, ἅτε μελισσῶν σμήνη, τοῦ ἡμετέρου λίαν διψῶντες αἵματος καὶ πάντας ἄρδην καταπιεῖν γλιχόμενοι. Τῇ πόλει δὲ προσεγγίσαντες καὶ τὰς σκηνάς, ὥσπερ ἔθος, πηξάμενοι, δίκην φρουρίου πᾶσαν περιέλαβον ταύτην, ὡς μηδαμοῦ σχεδὸν κενὸν ἀνθρώπων φαίνεσθαι τόπον. Εἶτα τοὺς στρατηγοὺς ἕκαστον ἐν ὡρισμένῳ τῆς πόλεως μέρει πρὸς τὸ πολεμεῖν ἀποτάξας, αὐτὸς τὰς ἰδίας σκηνὰς ἀντικρὺ τῆς ἀκροπόλεως πήγνυσιν, ὡς ἂν πάντας ἐκ μετεώρου καλῶς ὁρᾶν ἔχοι καὶ πᾶσαν τὴν πόλιν ἐντός.

Ἡμεῖς δὲ ταῦθ' ἑορακότες καὶ τῆς ἡμῶν σωτηρίας ὑπεραγωνίσασθαι προθυμούμενοι (καὶ γὰρ οὐδὲ ἦν ἄλλως εἰκὸς) μεθ' ὧν εἴχομεν ὅπλων ἐπὶ τὸ τεῖχος ἐθέομεν ἕκαστος, ἄλλος ἄλλον παρελθεῖν τῷ τάχει φιλονεικοῦντες καὶ οἷον ἀνδριζόμενοι <κατὰ> τῶν ἐκτός, ἀγνοοῦντες ὅπη τὰ τῆς σπουδῆς ἐκείνης χωρήσει. Ὡς δ' ἀνέβημεν, διημερεύειν ἐκεῖσε καὶ διανυκτερεύειν συνθέμενοι καὶ διέκριναν ἡμᾶς οἱ κρατοῦντες τῆς πόλεως, Λατίνους καὶ Ῥωμαίους καὶ τοὺς τὴν λῃστείαν

dato». Pero sin embargo se vio que lo habían hecho así, con o contra su voluntad[26].

(7) Al ver que había encargado esa tarea a incapaces (no solo algunos no obedecían las órdenes que se daban desde fuera, sino que también, por necedad y por una audacia irracional, no vacilaban en cubrirlo de insultos), Murad se irritó mucho y ordenó que el ejército cambiase de emplazamiento y acampase alrededor de la ciudad.

Se aproximaban como enjambres de abejas, muy sedientos todos de nuestra sangre y ansiosos por bebérsela de un trago[27]. Se acercaron a la ciudad, plantaron las tiendas como es costumbre y la cercaron toda ella a la manera de una fortaleza, de modo que apenas había en ninguna parte un lugar vacío de hombres. Luego, destinó a cada uno de los generales a una parte de la ciudad para combatir y él plantó sus propias tiendas frente a la acrópolis, para poder divisar bien desde lo alto a todos y todo el interior de la ciudad.

Nosotros, al ver esto, dispuestos a luchar por nuestra salvación (no podía ser de otra manera, naturalmente), corríamos a la muralla cada uno con las armas que tenía, adelantando uno a otro rivalizando en velocidad y como demostrando coraje <contra> los de fuera, ignorando por dónde avanzaría aquel empeño. Cuando subimos dispuestos a pasar allí día y noche, los gobernantes de la ciudad nos dividieron entre latinos y romanos y colocaron en medio (claramente no tenían

μετερχομένους ἀναμεὶξ στήσαντες (οὐ γὰρ πιστεύειν ἡμῖν καθαρῶς εἶχον) καὶ θάνατον τοῖς φρονήσουσι προδοσίαν ἠπείλησαν, τοὺς Τζεταρίους, ὡς ἡ κοινὴ φωνὴ τούτους ἐκάλει, ληστῶν δ' ἦσαν οὗτοι σύνταγμα ἐκ διαφόρων τόπων συναθροισθέντες, φύλακας εἰς τοῦτ' ἐπιστήσαντες.

(8) Ὡς οὖν τοῦ πολεμεῖν γεγενήμεθα πάντες καὶ κατὰ τῶν ἐπιόντων ἀνδρίζεσθαι, ἄλλο τι πάλιν παρὰ τὴν ἡμετέραν ἐφάνη πράξας ὑπόνοιαν ὁ Μουράτης. Πάντες γὰρ ἡμεῖς ὑπενοοῦμεν, τοσοῦτον <στρατὸν> βαρὺν θεασάμενοι καὶ τοσαύτας τὰς ἑλεπόλεις, ἃς τὸ τῶν καμήλων πλῆθος καὶ τῶν ἀμαξῶν ἐπεκόμιζον καθ' ἑκάστην, ὡς οὐκ ἂν φθάσειε καὶ μανικῶς αὐτίκα κατὰ τοῦ τείχους ὁρμήσει, παίειν μὲν αὐτὸ προστάξας τῇ χειροποιήτῳ τοῦ λίθου βροντῇ, τοὺς δ' ἄνωθεν κωλύειν τῆς ἐπὶ τῶν τειχῶν στάσεως διὰ τῶν ἀφιεμένων βελῶν καὶ παντὶ μηχανήματι πρὸς τὸ κρατῆσαι κεχρῆσθαι τῆς πόλεως.

Ὁ δὲ τούτων μὲν ἔδειξεν οὐδέν, μικρὸν δ' ἡσυχάσας καὶ τὴν πόλιν κύκλῳ περιβλεψάμενος, κήρυκας καὶ αὖθις ἐξέπεμψεν, ἐλευθερίαν ἡμῖν ὑπισχνούμενος καὶ φιλοτιμίας ἑτέρας, τοῖς παρ' αὐτοῖς ταυτὶ πιστούμενος ὅρκοις, εἰ τὴν πόλιν προοίμεθα τοῖς τούτου λόγοις πεισθέντες καὶ τἀναντία πάλιν αὐτῶν προσετίθει καὶ χαλεπώτερα τούτων, εἰ μὴ καταπειθεῖς ἐν τούτῳ γεν<οίμεθα>.

Ἀλλ' ἐνταῦθα μικρὸν ἐρήσομαι τ<οὺς> κατηγοροῦντας τοῦ δεῖνος καὶ τῆς δεῖνος. Ποῦ ποθ'

confianza en nosotros) a los que iban a participar en los saqueos, a los tzetarios −según se los denominaba vulgarmente−, a quienes pusieron al frente para vigilar (eran estos una compañía de bandoleros reunidos de diversos lugares), y amenazaron de muerte a quienes pensasen en traición[28].

(8) Cuando todos nos pusimos a combatir y a actuar con coraje contra los atacantes, Murad decidió hacer una cosa diferente de la que sospechábamos. Al contemplar un ejército tan grande y pesado y tan grandes máquinas de asedio que arrastraban cada día multitud de camellos y de carros, todos nosotros sospechábamos que no precipitaría un ataque furioso de inmediato contra la muralla, ordenando por una parte golpearla con el trueno artificial de la piedra y por otra obstaculizando la posición a los que estaban sobre la muralla arrojando proyectiles y sirviéndose de cualquier expediente para conquistar la ciudad[29].

Pero él no hizo nada de eso. Descansó un poco, observó la ciudad en perímetro y envió de nuevo heraldos con la promesa de libertad y otros honores para nosotros, confirmándolo con sus propios juramentos, si entregábamos la ciudad confiando en su palabra. Y añadía lo contrario y peor, si no se le obedecía en eso……

Pero ahora voy a hacer una breve pregunta a quienes acusan a una u otra persona. ¿Dónde estabais vosotros cuando Murad hacía tales promesas? ¿No estabais en la ciudad y oíais en persona lo que se pregonaba? ¿Cómo

ὑμεῖς ἦτε, ὅθ' ὁ Μουράτης τὰ τοιαῦτα ὑπέσχετο; Οὐκ ἐν τῇ πόλει καὶ αὐτήκοοι τῶν κηρυττομένων; Πῶς οὖν οὐκ ἐχρήσασθε τῷ λογισμῷ; Πῶς, ἃ διενοεῖσθε, οὐκ εἰς πέρας ἠγάγετε; Πῶς, ἃ τῶν ἄλλων κατηγορεῖτε μὴ πεπραχότων, ὑμεῖς οὐκ ἐπράξατε καιροῦ καλοῦντος καὶ τῶν ἀπειργόντων οὐκ ὄντων; Τότε γὰρ ποιμὴν οὐκ ἦν (μῆνας γὰρ εἶχεν ἓξ γενόμενος ἐξ ἀνθρώπων) οὐδὲ ἀραὶ οὐδ' ὅσ' ἕτερ' ἀπαριθμεῖτε. Τί λοιπὸν τὸ κωλῦσαν ὑμᾶς ἦν; Ἢ τίνος ἔργον, ὅσα συμβέβηκεν;

Οὐδενός, πᾶς τις ἂν εἴποι λογιζόμενος εὐσεβῶς, ἢ τῆς ἡμῶν ἁμαρτίας ἑκάστου τὸν ἀόργητον εἰς ὀργὴν καθ' ἡμῶν κινησάσης, παιδείαν ἡμῖν ἐπενεγκεῖν πταίουσιν <ἀδι>όρθωτα, ἵνα γοῦν ἑαυτῶν γενόμενοι τοῦ λοιποῦ σωφρονήσωμεν. Εἰ δέ τις τῶν πρὶν ἀπομνημονεύων χρόνων καὶ πάλιν ἡμῖν ἀντιλέγει καὶ τῷ ποιμένι τὴν αἰτίαν ἐπάγει τοῖς προδεδόσθαι ἐθέλουσι μὴ τὰ ἴσα φρονήσαντι καὶ βουλευσαμένῳ, μεμηνότος, οἶμαι, κέκτηται λογισμούς.

Πρῶτον μὲν γὰρ οὐ τοῦ σχήματος τοῦ ἀρχιερέως στρατηγικῶν πραγμάτων ἀντιλαμβάνεσθαι καὶ τὸν μὲν τυρρανικῶς ἐξωθεῖν τῆς ἀρχῆς, τὸν δὲ ἀντεισάγειν καὶ πραγμάτων πολλῶν καὶ φόνου καὶ ζημιῶν, τούτων δὴ τῶν ἐν ταῖς ἐναλλαγαῖς τῶν ἀρχῶν συμβαινόντων, αἴτιον δείκνυσθαι. Οὐ γὰρ ἐπὶ θρόνον αὐτὸν καθίζουσι τυραννικόν, ἀλλ' ἐπὶ θρόνον ἱερατικὸν καὶ δεσπότου πραέος καὶ εἰρήνην διδάξαντος. Καὶ δεῖ τοῦτον ἐκ παντὸς τρόπου μιμεῖσθαι καὶ λόγοις ἕ<πεσθαι αὐτῷ> καὶ πράγμασιν.

no llevasteis a término lo que pensabais? ¿Cómo no os servisteis del juicio? ¿Cómo acusáis a los demás de lo que no hicieron y no lo hicisteis vosotros en circunstancias favorables no habiendo quien lo impidiese? Pues entonces no había pastor (hacía seis meses que había expirado) ni oraciones ni otras cosas que queráis enumerar[30]. Entonces, ¿qué era lo que os lo impedía? o ¿de quién fue obra lo que sucedió?

De nadie –diría cualquier persona que piense piadosamente– más que del pecado de cada uno de nosotros, que movió a la furia contra nosotros al que no se enfurece, trayéndonos el castigo a nosotros, que pecamos sin remedio, para que al menos entremos en razón y en lo sucesivo seamos prudentes. Si alguien, recordando tiempos anteriores, nos contradice y echa al pastor la culpa de no pensar ni deliberar lo mismo que los que quieren traicionar, tiene ideas de loco, creo[31].

En primer lugar, no corresponde a la figura del arzobispo ocuparse de cuestiones militares ni expulsar del poder al que lo ocupa tiránicamente y poner en su lugar a otro ni señalar la causa de los muchos problemas, de la muerte, de los castigos, de esas cosas que suceden cuando cambian las autoridades[32]. No se sientan en ese trono tiránico, sino en el solio sacerdotal y de señor gentil que enseña paz. Hay que imitarlo en todos los aspectos, <y seguirlo> de palabra y de obra.

Ἔπειτα <δὲ τί τοῦτο>, ὅπερ εἴργαστο; Ὅτι τοῖς τοῦ Θεοῦ ν<όμοις> ἐμμένειν παρῄει καὶ τὴν εὐσέβειαν συνεβούλευε μὴ προέσθαι; Ὅτι μὴ κατεξανίστασθαι τῶν ἀρχόντων, ἀλλὰ τούτους ὡς ἐκ Θεοῦ προβληθέντας ἐδίδασκε στέργειν; Καὶ τί γε ἄλλο προσῆκεν ἐκείνῳ ψυχὰς ἀνθρώπων πρὸς Θεοῦ πιστευθέντι; Ὅμως ἐκεῖνος καὶ οὕτως ἔχων, ἐφ᾽ ἑκάστου σχεδὸν ἔτους ἠξίου τὴν πόλιν ἀπολιπεῖν καὶ πρὸς τὴν ἐνεγκαμένην γενέσθαι, ἴσως ἵν᾽ ἡμεῖς ὑπὲρ ἑαυτῶν φροντίσωμεν. Ἀλλ᾽ οὐδ᾽ οὕτως ἠνείχεσθε. Οὕτω γνώμης τινὲς τετυχήκεσαν πρὸς πᾶν ὁτιοῦν τὸ τρεπτὸν κεκτημένης καὶ συμμεταβαλλομένης τοῖς καιροῖς καὶ τοῖς πράγμασιν. Ἀλλ᾽ οἱ μὲν τὰ τοιαῦτα λέγειν ὁρμώμενοι λογίσαιντο ποτε .... ἡμεῖς δὲ τῶν προκειμένων ἐχώμεθα.

(9) Πρῶτον καὶ δεύτερον ὁ Μουράτης πεπραχώς, ὅπερ εἰρήκειμεν, καὶ γράμματα τοῖς βέλεσι πεπομφὼς ἐντὸς πλεῖστα, τοῖς αὐτοῖς ὅρκοις καὶ ταῦτα συνδούμενα καὶ τὰ αὐτὰ διαγγέλλοντα. Ὡς ἤνυε πλέον οὐδὲν (οὐ γὰρ ἐξῆν βουλομένοις τοῖς ἐν τῇ πόλει τῷ τῶν Λατίνων δέει καὶ μάλιστα τῶν συμπαρισταμένων αὐτοῖς ἐπὶ φυλακῇ λῃστῶν, τῇ σφῶν ἀδεῶς χρήσασθαι γνώμῃ), τρέπεται τότ᾽ ἐξ ἀνάγκης ἐπὶ τὸ πολεμεῖν, οὐδὲ τότε τοσοῦτον ἀπὸ τῆς ἀπειθείας τῶν ἔνδον καὶ τῆς ἐνστάσεως ὅσον ἐκ τούτου. Ὁλκὰς ἐφάνη τις ἐξαπίνης Λατινικὴ σῖτον ἔχουσα φόρτον καὶ κομίζουσα τοῦτον ἐν τῇ πόλει χρῃζούσῃ. Οἱ δ᾽ ὑπετόπασαν ταύτην ἰδόντες συμμάχους ἔχειν καὶ ὅπλα διὰ τὸν πόλεμον καὶ δεδιότες τὴν ἧτταν, συμμαχίας ἐπὶ τὴν πόλιν ἐλθούσης,

En segundo lugar, ¿<qué es lo que hacía>? ¿Que exhortaba a perseverar en las leyes de Dios y aconsejaba no descuidar la piedad? ¿Que enseñaba a no levantarse contra los gobernantes, sino a aceptarlos como propuestos por Dios? ¿Y qué otra cosa le correspondía a él, a quien se le habían confiado almas para Dios? Sin embargo, siendo él así, juzgaba conveniente dejar la ciudad casi cada año e ir a su patria, tal vez para que nosotros nos preocupásemos de nosotros mismos[33]. Pero ni así os contuvisteis. Así, algunos adoptaron una opinión respecto a todo lo que es mudable que se adquirió y se transformó con los tiempos y las circunstancias. Pero quienes se precipitan a decir tales cosas podrían pensar alguna vez.........., nosotros nos atenemos a nuestro propósito.

(9) Una primera y una segunda vez hizo Murad lo que hemos contado y con los proyectiles envió dentro muchísimas cartas, atadas a sus juramentos y con los mismos mensajes[34]. Como no tenía ningún éxito (pues los habitantes de la ciudad que lo querían no podían dar su propia opinión por miedo a los latinos y especialmente a los bandoleros que estaban con ellos para vigilarlos[35]), se vuelve entonces por fuerza a la guerra, no tanto por la desobediencia de los de dentro y su oposición como por lo siguiente: de pronto apareció un barco mercante latino cargado de trigo que traía para la ciudad, necesitada de él. Al verlo, sospecharon que transportaba aliados y armas para la guerra y, temiendo la derrota ante la alianza que aportaba a la ciudad,

ὅλῃ δεῖν ᾤοντο χρήσασθαι τῇ τούτων δυνάμει καὶ περὶ τὰ πολεμικὰ τέχνῃ πρὶν τὴν ὁλκάδα καθορμισθῆναι.

Μικρὸν μὲν οὖν πρότερον, ὅτε καὶ τοὺς κήρυκας ἔπεμπεν, ὑπεισερχόμενοι τὸ προτείχισμα μέρος τῶν πολεμούντων ἀωρὶ τῶν νυκτῶν καὶ τοῦθ᾿ ὑπορύττοντες ἐν ἀδείᾳ (οὔτε γὰρ ἐπ᾿ αὐτῷ φύλακες ἦσαν, οὐκ ἀρκούντων τῶν ἔνδον, οὔτ᾿ ἐξωθεῖν αὐτοὺς εἶχεν οὐδεὶς οὐδ᾿ ὁπωσοῦν, τούτου προβεβλημένου) πολλὰ τούτου κατέσπασαν εἰς ἔδαφος μέρη, ὥστ᾿ ἔχειν εἰσιέναι παμπληθεῖς ἐν τῷ μεταξὺ τῶν τειχῶν τόπῳ, κλίμακάς τε εἰσκομίσαι μετ᾿ εὐχερείας καὶ ταύταις τὸ μέγα τεῖχος ἐπαναβῆναι.

Βάσιμον οὖν τὸ ἔξω πεποιήκεσαν διατείχισμα τοῦτον τὸν τρόπον καὶ τῆς τοξικῆς πολλάκις τῆς ἡμέρας, ἀλλὰ δὴ καὶ τῆς νυκτὸς οὐκ ἠμέλουν, τοῦ μικροῦ τείχους, ὅτε πρὸς κατάπτωσιν ᾔεσαν· πῶς γὰρ ἂν ἔσχον μετὰ πλείονος ὑπορύττειν ἀδείας αὐτό, τοὺς ἐπὶ τοῦ μείζονος τείχους, εἰ μὴ τοῖς βέλεσιν ἀπεῖργον μὴ κατ᾿ αὐτῶν καὶ τούτους ὁμοίως χωρεῖν καὶ τὰ παραπλήσια δρᾶν; Πλὴν καὶ οὕτως οὐδ᾿ ἡμεῖς ἠμελοῦμεν τοῦ κατὰ δύναμιν ἔργου. Πλέον δὲ τῶν ἄλλων ἐχρώμεθα τῇ καλουμένῃ σκευῇ, ἧς ἦχον μὲν ἠκούομεν μόνον, ἔργον δὲ οὐδέποτ᾿ εἴδομέν τι λαμπρὸν καὶ ταῦτα πολλῆς ἐν ἡμῖν οὔσης τῆς ἐσκευασμένης βοτάνης, ἀφειδῶς τε κατὰ πάντα καιρὸν ἀναλισκομένης.

(10) Ταῦτ᾿ οὖν ἐπὶ τρισὶν ἦσαν ἡμέραις γινόμενα καὶ τηνικαῦτα δή τινες ἔν τισι τῶν τειχῶν μέρεσιν ἔξωθεν περὶ μέσας νύκτας ἰόντες, τῆς ἡμετέρας κηδόμενοι

creían que debían utilizar toda su fuerza y sus artes bélicas antes de que el barco atracase.

Poco antes, en la oscuridad de la noche, cuando enviaba los heraldos, entró subrepticiamente en el antemuro una parte de combatientes que lo horadó sin ser molestados (no había vigilancia sobre ellos porque no eran suficientes los de dentro y, como el antemuro estaba adelantado, nadie podía expulsarlos de ninguna manera). Derribaron una gran parte de él para poder entrar muchos en el espacio entre muros e introducir con facilidad escalas y con ellas trepar por la muralla grande[36].

De esa manera hicieron franqueable la fortificación exterior. Y no cejaban en disparar muchas veces sus arcos de día, pero también de noche, mientras avanzaban para derribar el muro pequeño. ¿Cómo habrían podido horadarlo con mayor seguridad, si no hubiesen impedido al mismo tiempo con sus proyectiles avanzar contra ellos y obrar de manera semejante a los que estaban en el muro mayor? Pero, en la medida de lo posible, tampoco nosotros cejamos en esa tarea. Aparte de otras cosas utilizábamos el denominado 'ingenio', del que oíamos solo la resonancia, pero cuyo resultado nunca habíamos visto cuán brillante era[37]. Y eso que, teniendo mucha pólvora preparada, la gastábamos sin contemplaciones en cualquier oportunidad.

(10) Así sucedió durante tres días. Y en ese momento algunos van a medianoche a ciertas partes del muro exterior, preocupados por nuestra salvación y anuncian que todo el ejército se prepara para la guerra contra no-

σωτηρίας, πᾶσαν ἡμῖν πρὸς πόλεμον παρεσκευάσθαι τὴν στρατιὰν προαγγέλλουσιν, ὅσον τε περὶ τὸν Μουράτην πεζὸν καὶ τῆς τετάρτης ἡμέρας διαυγασάσης βούλεσθαι καθ᾿ ἡμῶν ὅλῃ δυνάμει κεχωρηκέναι καὶ ὡς πλοῖα παρασκευάσειαν καὶ τούτοις ἵν᾿ ἀπὸ τοῦ κατὰ θάλατταν μέρους ἰόντες πρὸς διττὰς ἀναγκάσωσιν ἡμᾶς ἀσχοληθῆναι φροντίδας. Ὃ καὶ σφόδρα τὰς ἡμετέρας ψυχὰς διετάραξε καὶ εἰς ἀπορίαν ἐνέβαλεν ὅσην, ὡς βλάβην ἡμῖν δυνάμενον οὐ τὴν τυχοῦσαν ἐπαγαγεῖν.

Δήλης τοιγαροῦν ταυτησὶ γεγενημένης τῆς ἀγγελίας καὶ πάντων ἡμῶν ἐν περιστάσει καὶ λογισμοῖς ὄντων, πῶς ἂν διατεθείημεν πρὸς τὸν πόλεμον, πάσης τε σχεδὸν ἡλικίας οὔσης ἐν ἐγρηγόρσει, δεήσεις ἐκτενεῖς θεῷ καὶ τῷ Μυροβλύτι Μάρτυρι καθ᾿ ὅλην ἐκείνην προσαγόντων τὴν νύκτα (πάντες γὰρ ᾔδεσαν ἐν χρῷ τοῦ κινδύνου καθεστηκέναι), οἱ Λατῖνοι περὶ πολλοῦ τὸ τοῦ αἰγιαλοῦ ποιούμενοι μέρος διὰ τὰς τρεῖς, αἳ παρῆσαν τῇ πόλει, τριήρεις, μὴ πυρὸς ἔργον ταύτας ἐλθόντες οἱ Τοῦρκοι ποιήσωσι, τοὺς σφῶν τοξότας, μεμερισμένους ὄντας ἐπὶ φυλακῇ τῶν τειχῶν, ὑπαναχωρεῖν αὐτοὺς περιόντες ἐπέσκηπτον, τῶν ἄλλων τὴν σκέψιν ταύτην μὴ γινωσκόντων, μηδ᾿ ὅπερ ἐκείνοις ἡ ἀπὸ τῶν τειχῶν βούλεται ἀναχώρησις. Εἰ γὰρ καθαρῶς ἐγύμνουν τὸ πρᾶγμα, ὡς ἐπὶ φυλακῇ τοῦ λιμένος καὶ τῶν τριηρῶν καταβιβάζουσι τούτους τοῦ τείχους, εὐέλπιδες ἂν ἦσαν οἱ περιλελειμμένοι τῷ τείχει καὶ οὐκ ἂν φυγὴν αὐτῶν ὑπετόπασαν. Ἀλλ᾿ ἥκιστα γέγονεν οὕτω.

Κἀντεῦθεν ἡ ἐκείνων ἀπὸ τοῦ τείχους διάστασις δειλίαν οὐ τὴν τυχοῦσαν ταῖς ἁπάντων ἐνῆκε ψυχαῖς

sotros, que la infantería de Murad quiere avanzar contra nosotros con todas sus fuerzas cuando comenzaba a apuntar el cuarto día y que equiparían barcos para ir con ellos del lado del mar y obligarnos a entretenernos con una doble preocupación[38]. Lo cual confundió nuestras almas considerablemente y nos puso en una difícil situación porque podía provocarnos un daño terrible.

Así pues, cuando se difundió esa terrible noticia, todos nosotros nos debatíamos entre desgracias y preocupaciones por cómo nos aprestaríamos a la guerra, permaneciendo en vela personas de casi todas las edades, dirigiendo súplicas fervorosas a Dios y al mártir Miroblita durante toda aquella noche (todos sabían que estábamos al borde del peligro).

Los latinos, muy preocupados en la zona de la costa por las tres galeras que se habían presentado en la ciudad —no llegasen los turcos y las prendiesen fuego—, yendo por todas partes encomendaban a sus arqueros, que estaban repartidos para vigilar la muralla, que se fuesen retirando, ignorando el resto esa maniobra y lo que suponía para ellos esa retirada de los muros. Si hubieran revelado claramente la maniobra —que los bajaban de la muralla para vigilar el puerto y las galeras— los que quedaban en la muralla habrían mantenido sus esperanzas sin sospechar que huían. Pero no sucedió así en absoluto.

Entonces su retirada de la muralla provocó un ataque de pánico extraordinario en las almas de todos y esa medianoche muchos se dieron a la fuga y se fueron

καὶ κατὰ τὸ μέσον αὐτὸ τῆς νυκτὸς φυγῇ πολλοὶ χρησάμενοι λεληθότως ἀπήεσαν οἴκαδε, μέρος τῶν τειχῶν οὐκ ὀλίγον ἔρημον καταλελοιπότες. Τοῦτο μεῖζων ἔδοξεν, ὅσον κατ᾽ ἀνθρώπινον λογισμόν, αἰτία τοῦ μεθ᾽ ἡμέραν κακοῦ. Καὶ γὰρ εἰ μενόντων ἀπάντων ἐπὶ τοῦ τείχους, μία ψυχὴ γενομένων καὶ θάνατον ἑλομένων ὑπὲρ φυλακῆς τῆς πατρίδος, μόλις ἂν ἡ πόλις ἐξ αὐτῆς διατετήρητο, πῶς ἂν τοιοῦδε συμβεβηκότος οὐκ εἶχε μετ᾽ εὐκολίας ἁλῶναι;

Οὕτως οὖν τῶν Λατίνων διαπραξαμένων καὶ τῶν τριηρῶν μίαν πρὸς ναυμαχίαν πεπληρωκότων διὰ τὴν τῶν πλοίων αἰφνίδιον προσδοκίαν, ἀληθεῖς διεδείκνυντο καὶ οἱ περὶ τούτων ἡμῖν ἠγγελκότες. Ὄρθρου γὰρ ἐπιστάντος τὰ πλοῖα πρὸς τὸν λιμένα πάσαις κώπαις καταίρειν ἐπείγονται τὰ βεβουλευμένα διαπερᾶναι. Ὡς δὲ πλησίον γένοιντο, τὴν κατ᾽ αὐτῶν συσκευὴν τῶν ἐν αὐτοῖς οὐκ εἰδότων καὶ ἡ τριήρης, ὡς εἶχε τάχους, αὐτίκα χωρεῖ κατ᾽ αὐτῶν καὶ εἰς τοσοῦτον αὐτὰ κατηνάγκασεν καὶ εἰς φυγὴν ἔτρεψεν, ὡς ἀποκεῖλαι κατὰ τὴν ἤπειρον καὶ τὴν τῶν Τούρκων ἐκείνην ἐπίνοιαν ἀποδεδεῖχθαι ματαίαν. Ἀλλὰ τούτου μὲν ἀνώτεροι τετηρήμεθα· εἴθε δὲ καὶ τοῦ κατὰ τὴν ἡμέραν κακοῦ.

(11) Τῆς τετάρτης τοιγαροῦν ἐπιστάσης ἡμέρας <καὶ> τοῦ ἡλίου καθαρῶς τοῖς ἀνθρώποις μήπω τὸ φῶς παρασχόντος, ὁρῶμεν κατὰ τὴν ἀγγελίαν καὶ τὸ πλῆθος ἅπαν προσχωροῦντας τῷ τείχει, τοὺς μὲν κλίμακας ἐπιφερομένους, τοὺς δὲ σανίδας, ἑτέρους

a casa a escondidas, dejando una parte no pequeña de la muralla desierta[39].

Se cree que esta fue la causa principal, en la medida de la comprensión humana, del desastre del día siguiente. Si, de haber permanecido todos en la muralla, siendo una única alma, y haber escogido morir en defensa de la ciudad natal, esta difícilmente se habría mantenido a salvo, ¿cómo no iban a poder tomarla con facilidad, una vez que había sucedido esto?

Al obrar así los latinos y equipar una de las galeras para la batalla naval porque esperaban la llegada repentina de los barcos, parecía que tenían razón quienes nos lo habían anunciado. Al despuntar el alba, los barcos se apresuran a toda vela a apoderarse del puerto para cumplir sus propósitos. Cuando los turcos estaban cerca, la galera, ignorantes sus tripulantes de la maniobra, avanza al punto contra ellos a la mayor velocidad posible y a tal punto los obligó a darse a la fuga que encallaron en tierra y se demostró inútil aquel propósito de los turcos[40]. Hasta entonces habíamos mantenido la superioridad. ¡Ojalá durante ese día hubiésemos superado también la adversidad!

(11) Por consiguiente, al presentarse el cuarto día, cuando el sol aún no dispensaba su nítida luz a los seres humanos, vemos a todo el ejército avanzando a la muralla, como se había anunciado: unos llevando escalas, otros tablones, otros escudos trenzados de ramas, todos, en una palabra, transportando máquinas de asedio,

πεπλεγμένας ἀσπίδας ἐκ πτόρθων, πάντας ἁπλῶς κομίζοντας ἑλεπόλεις καὶ πεφραγμένους, ὡς ἔθος καὶ τῇ τῆς ἡμετέρας ἀπωλείας ἐπιθυμίᾳ οἷον βεβακχευμένους καὶ ἀλλήλους ἐπὶ τῇ ἡμετέρᾳ σφαγῇ παροτρύνοντας. Αὐτίκα δὲ καὶ ἡμεῖς, ὡς ἐφικτόν, διανέστημεν καὶ ὅλοι τοῦ πολεμεῖν γεγενήμεθα [καὶ τεθνάναι. Καὶ τοῦτο μὲν ἄνδρες· γυναῖκες δὲ καὶ αὐτῶν τῶν ἐπιφανῶν ἡμῖν ἀνδρικῶς συνεφήπτοντο τοῦ πολέμου, λίθους ὅλῃ ψυχῇ πρὸς ἄμυναν τῶν ἐπιόντων κομίζουσαι. Πολλαὶ δὲ καὶ ὅτι γυναῖκες ἦσαν ἐπιλαθόμεναι, τὰ τῶν ἀνδρῶν ἐπεδείκνυντο, συμπαριστάμεναί τε τούτοις καὶ στερρῶς κατ' αὐτοὺς ἀγωνίζεσθαι προθυμούμεναι. Κεκίνητο οὖν ἡ στρατιὰ καὶ τοσοῦτο τοῖς τείχεσι προσεπέλασαν, ὡς δύνασθαι κἀκείνους λίθους πέμπειν κάτωθεν ἐφ' ἡμᾶς ταῖν χεροῖν. Εἶτ' ἐπίνοιαν οἱ τοιούτων ἐξεῦρον στρατηγοὶ ἐκείνοις μὲν ἀνακωχὴν ἔχουσαν ἱκανήν, ἡμῖν δὲ πόνον διηνεκῆ καὶ πόλεμον ἀδιάπαυστον. Πρῶτον μὲν γὰρ δεῖν ᾠήθησαν πρὸς τὸν τῆς πόλεως ἅπαντα κύκλον διαγωνίζεσθαι, εἰ καὶ πολὺς ἦν αὐτοῖς ὁ πόνος τοσαύτην διέρχεσθαι πόλιν καὶ τοὺς σφῶν πρὸς τὸ πολεμεῖν γενναίως διανιστᾶν, εἴ ποτ' ὀκλάσειαν· ἔπειτα δὲ διέκριναν εἰς μοίρας ἅπαν τὸ πλῆθος, ὥστ' ἔχειν ἀλλήλους διαναπαύειν τοῦ κόπου τῇ δι' ἀλλήλων διαδοχῇ. Καὶ τότε δὴ προσέταξαν τὸ κατ' ἀνατολὰς ἅπαν μέρος καὶ τὸ πρὸς δύσιν περιλαβεῖν ἀπὸ τῆς ἀκροπόλεως ἄνωθεν ἄχρις αὐτῆς τῆς θαλάττης. Εὐαλωτότερον δὲ τὸ κατ' ἀνατολὰς ἐθεάσαντο μέρος, οἷα δὴ σαθρότερον ἐν πολλοῖς τυγχάνον τοῖς μέρεσιν· ὅθεν τὸ πλέον καὶ μαχιμώτερον αὐτόθι διατετάχασι πολεμεῖν.

armados como es habitual y como enloquecidos por el deseo de destruirnos, incitándose unos a otros a masacrarnos.

Nosotros enseguida nos restablecimos como pudimos y todos nos dispusimos a luchar o morir. Eso los varones. Las mujeres, incluso las de familias ilustres, acometían el combate virilmente con nosotros, acarreando piedras con toda su alma para defendernos de los atacantes. Muchas, olvidando que eran mujeres, mostraban un comportamiento propio de varones, compareciendo a su lado dispuestas a luchar duramente contra aquellos.

El ejército se movió y se acercaron a los muros tanto como era posible para arrojarnos piedras desde abajo con las manos. Luego sus generales inventaron una maniobra que a ellos les permitía bastantes treguas y a nosotros, en cambio, nos causaba un esfuerzo constante al no cesar en el combate. En primer lugar, pensaron que había que luchar por todo el perímetro de la ciudad, aunque fuese para ellos mucho esfuerzo recorrer ciudad tan grande y animar a los suyos a combatir valientemente, si alguna vez flaqueaban. Luego dividieron todo el contingente en secciones para tomarse algún descanso del esfuerzo con sucesivos relevos. Y entonces dieron orden de rodear toda la parte oriental y toda la occidental desde lo alto de la acrópolis hasta el propio mar. Vieron más fácil de conquistar la parte oriental, que resultaba estar más deteriorada en muchos de sus sectores[41]. De ahí que dispusieran combatir cada vez más agresivamente por allí.

Ὁ Μουράτης δὲ τοῖς ἀμφ' αὐτὸν ἅμα πεζοῖς, διακριθεῖσι καὶ αὐτοῖς παραπλησίως τοῖς ἄλλοις, ἀπὸ τοῦ καλουμένου Τριγωνίου μέχρις οὗ ἡ μονὴ τυγχάνει τοῦ Χορταΐτου, τοῦ πολεμεῖν οὔκουν οὐκ ἔληγεν οὐδ' αὐτός· ἔγνω γὰρ εὐχερέστερον ἐκεῖθεν ληφθῆναι τὴν πόλιν, τήν τε σαθρότητα τοῦ τείχους ἰδών, καὶ ὡς ἑνὶ τείχει τὴν ἀσφάλειαν ἡ πόλις ἐξ ἐκείνου τοῦ μέρους αὐχεῖ.

(12) Ἔλαβεν οὖν ἀρχὴν ὁ πόλεμος ἀρξαμένης ἡμέρας, ὡς διειλήφειμεν. Κἀκεῖνοι διακριθέντες καὶ ἀλλήλους διαδεχόμενοι, πλῆθος ὄντες, τοὺς κεκμηκότας ἀκμῆτες ἕτεροι διεδέχοντο καὶ παρεῖχον ἀλλήλοις ἐκεχειρίαν.

Καὶ οἱ μὲν ἐχρῶντο τῇ τοξικῇ τοσοῦτον εὐστόχως, ὡς μηδ' ὁντινοῦν ἡμῶν προκῦψαι γοῦν τοῦ τείχους θαρρεῖν· οἱ δὲ τῇ τῶν ἀνθρώπων ἐρημίᾳ τόλμῃ ψυχῆς ὑπ' αὐτοῖς χωροῦντες τοῖς τείχεσι παντοίαις αὐτὰ μηχαναῖς κατασπᾶν διεμηχανῶντο, πᾶσαν ἑλέπολιν τεκτήναντες εὐφυῶς καὶ ἅπαν πρὸς τοῦτο μηχάνημα· ἕτεροι δὲ ταῖς κλίμαξιν ἀνιέναι προὐθυμοῦντο γενναίως.

Καὶ πάντ' ἦσαν αὐτοῖς ἐνεργάτῃ πρώτῃ γὰρ ἅμα προσβολῇ τοῦ πολέμου τοὺς ἐπ' ἐκεῖνο τὸ μέρος τοῦ Τριγωνίου σχεδὸν ἅπαντας ἡμιθνῆτας κατέστησαν διὰ τῶν βελῶν, δίκην νιφάδων πεμπομένων εἰς τὸν ἀέρα· καὶ κενὸν εὐθὺς ἐκεῖνο τὸ μέρος, οὐκ ὄντων ἑτέρων εἰς φυλακὴν ἐπιστῆναι καὶ τὴν τῶν πολεμίων ἔφοδον ἀποκρούσασθαι. Ἡμεῖς δ' ὀλίγοι καὶ μηδὲ πάντες ἐπὶ τῶν τειχῶν, δι' ἣν αἰτίαν ὀλίγον πρότερον ἐδηλώσαμεν,

Murad en persona no dejaba de luchar con su infantería personal —que eran también ellos excelentes soldados, como los demás— desde el denominado Trigonio hasta donde está el monasterio de Cortaíta, pues sabía que tomar la ciudad por allí era más fácil, viendo el deterioro de la muralla y que la ciudad confiaba su seguridad por aquella parte a un único muro[42].

(12) La batalla, como hemos dicho, dio comienzo al empezar el día. Ellos, que eran muchos y escogidos, se sucedían unos a otros: a quienes estaban cansados les sucedían otros vigorosos y se daban tregua sucesivamente.

Unos utilizaban el arco tan certeramente que ninguno de nosotros se atrevía a asomarse por la muralla. Otros, avanzando hacia la propia muralla con audacia de ánimo al estar desierta de hombres, intentaban derribarla con ingenios de todo tipo, construyendo con habilidad una máquina de asedio y mecanismos de toda clase para ello. Otros se esforzaban en subir con escalas llenos de valor.

Y todo les resultó eficaz, pues en la primera acometida del combate dejaron a casi todos los de la zona del Trigonio medio muertos con las flechas lanzadas al aire como una copiosa nevada. Aquella parte quedó vacía inmediatamente, sin que hubiese otros para vigilar y rechazar el ataque de los enemigos.

Siendo nosotros escasos y no estando todos en la muralla por la razón que hemos declarado poco antes,

διηγειρόμεθα μὲν καὶ ὑπὲρ τὴν δύναμιν, οὐδὲν δὲ τὰ ἡμέτερα πρὸς ἐκείνους. Οὐ βέλεσι δὲ μόνον ἐχρῶντο τὸ πλῆθος, ἀλλὰ καὶ τῇ καλουμένῃ σκευῇ· μικρὰ δέ τις ἦν αὕτη πρὸς συντριβὴν τῶν ἐπὶ τὰς ἐπάλξεις ξυλίνων διαφραγμάτων καὶ τὸ μὴ δύνασθαι στῆναί τινας ἐφ' ὅπερ ἐπέμπετο μέρος. Ἔθεε δὲ καὶ ὁ τῆς Δύσεως στρατηγὸς ἔφιππος τὸ κατ' ἀνατολὰς διερχόμενος τῆς πόλεως μέρος, ὅπλοις κατάφρακτος, λόγοις πάντας διερεθίζων καὶ πρὸς εὐψυχίαν ἀλείφων καὶ ἀμοιβῶν προσεπαγγελλόμενος. Καὶ μὴ τοῦτο μόνον, ἀλλ' ἵν' ἔτι καὶ προθυμοτέρους ἐργάσηται καὶ οἷον κατὰ τῆς ἡμῶν σωτηρίας ἐκμήνῃ, σηρικά τινα προσέταξεν ἱμάτια κατὰ μέσον ἀχθῆναι καὶ μισθὸν αὐτὰ προὔθηκε τοῖς ὑπορύττουσί τε τὸ τεῖχος καὶ λίθον ἐκ τούτου τοῖς δυνησομένοις ἐκείνῳ κομίσαι, μέγα βοῶν, ὁσάκις ἄν τις τοῦτο ποιήσει, καὶ τὴν ἀντίδοσιν ἔχειν. Ἀλλὰ καὶ τῷ πρώτως ἀνελθεῖν τὸ τεῖχος δυνησομένῳ πολλαί τινες προὔκειντο δωρεαὶ καὶ ὑποσχέσεις μυρίαι.

Τῷ τοι καὶ εἶδες ἂν ἐν ἐκείνοις πρᾶγμα παντὸς ἄξιον θαύματος· ἐπιλαθόμενοι γὰρ ὅτι σῶμα περίκεινται πρὸς καιρίαν πληγὴν ἀντισχεῖν δυνάμενον οὐδαμῶς καὶ θάνατον ἔχον αὐτῷ συνεπόμενον, ὥσπερ τινες ἄγριοι θῆρες ἐπὶ τὸ τεῖχος ἐχώρουν, τοσοῦτον ἐγγίσαντες, ὡς καὶ λίθοις τῶν ξυλίνων διαφραγμάτων καταβαλεῖν οὐκ ὀλίγα. Οἱ μὲν οὖν οὕτως· οἱ δὲ τὸ τεῖχος ὑποδύντες, ᾗ σαθρότερον εὕρισκον, κατώρυττον ἐν σπουδῇ καὶ κατέρριπτον. Καὶ ἡμεῖς τῇ τῶν βελῶν συνεχείᾳ κατ' αὐτῶν οὔτε λίθους οὔτ' ἄλλο τι δυνατῶς εἴχομεν ἀφιέναι· τοσαύτη γὰρ ἦν ἡ συνέχεια τούτων, ὡς οὐδὲ τὴν χεῖρά τις εἶχε τῶν ἐπάλξεων ἐκβαλεῖν πρὸς

nos activamos por encima de nuestras fuerzas, pero no eran nada para ellos[43]. No solo utilizaban flechas en abundancia, sino también el denominado 'ingenio': este, pequeño, era para destruir los parapetos de madera de las almenas y para que no pudiera estar nadie en la zona a la que se disparaba. El general de Occidente recorría a caballo la parte oriental de la ciudad armado hasta los dientes, alentando a todos con palabras, insuflándoles coraje y anunciando recompensas[44]. Y no solo eso, sino que, para estimularlos más y como para enfurecerlos contra nuestra salvación, ordenó que se trajesen a la vista de todos telas de seda y las añadió al sueldo de los que estaban socavando la muralla y de los que pudiesen acarrearle de allí una piedra, gritando alto que cuantas veces alguien hiciese eso tendría recompensa. Pero también al que fuese capaz de subir el primero a la muralla se le ofrecían como recompensa muchos regalos e incontables promesas.

Y había que ver entre ellos una cosa digna de toda admiración: algunos avanzaban contra el muro como fieras salvajes, olvidándose de que tenían un cuerpo[45] que no podía resistir una herida letal cuya consecuencia era la muerte y se acercaban tanto que derribaban con piedras no pocos parapetos de madera. Así actuaban estos. Los que se deslizaban bajo la muralla por donde la encontraban más deteriorada, cavaban aprisa y la derribaban. Nosotros no podíamos arrojar contra ellos ni piedras ni ninguna otra cosa con fuerza por la lluvia de flechas[46]. Tanta era la frecuencia de estas que

ἄφεσιν λίθου. Τοσοῦτο δὲ μόνον ἐδυνάμεθα πάντες, πέμπειν λίθους ἐξ ἀφανοῦς κατὰ τῶν ὑπερχομένων τὸ τεῖχος, ὡς ἂν τῆς διὰ τῶν κλιμάκων ἀνόδου τούτους κωλύωμεν. Καὶ οὐκ ἄν τις τὸ παρ' ἡμῶν ἔκρινεν ἔργον πολέμου· τίνα γὰρ ἂν καὶ ἐπήγαγε βλάβην λίθος ἄνευ σκοποῦ ἀφιέμενος ἐκ χειρὸς ναρκώσης, τοῦ πέμποντος οὐχ ὁρᾶν δυναμένου πρὸς τίνα καὶ πῇ τοῦτον ἀφίησι;

Ταύτῃ τοι οὖν τῶν πολεμίων διὰ πάντων ἰσχυρῶν δεικνυμένων, τοῦ πολέμου τε μηδαμῶς ἀμελούντων καὶ πάντων ἡμῶν ἐν ταράχῳ πολλῷ καὶ φόβῳ καθεστηκότων καὶ τῶν μὲν παύσασθαι τοῦ πολεμεῖν τὸν Μουράτην ὑπονοούντων, τῶν δὲ τὴν ἡμετέραν ἀπώλειαν προσδοκώντων καὶ διατεινομένων μὴ ἂν ἄλλως γενέσθαι ἢ τὴν πόλιν ἁλῶναι, —οὕτως οὖν τῶν πραγμάτων διακειμένων καὶ πολλῆς ἐν ἡμῖν συγχύσεως οὔσης, τῶν μὲν πρὸς τὸ πολεμεῖν ἴσως ἀσχολουμένων, τῶν δὲ καταναρκωθέντων καθάπαξ, ἑτέρων δὲ τοῖς ἀπὸ τῶν βελῶν τραύμασιν ἐναποθανόντων, ἐνίων δὲ καὶ φευγόντων ἀπὸ τῶν τειχῶν, μηκέτι μένειν ἐκεῖσε δυναμένων ὑπὸ τοῦ δέους, οὕτω τῆς τετάρτης ἡ τρίτη παρελήλυθεν ὥρα, καὶ ἡ πόλις φεῦ παρὰ τῶν πολεμίων τοῦτον ἑάλω τὸν τρόπον.

(13) Ὡς εἰς πολλὰ τὰς κλίμακας ἦσαν κομίσαντες μέρη καὶ πῇ μὲν ἐγγίσαι τῷ τείχει ταύτας οὐκ ἔσχον, ἀπωθούντων τῶν ἄνω, μέχρις οὗ κατενάρκωσε τούτους ὁ φόβος, πῇ δὲ θέντες καί τινας ἀναβεβηκότες βαθμίδας οὐκ ἴσχυσαν τὸ ἐγχείρημα συμπερᾶναι, τινῶν εὐψυχίαν ὑπὲρ τοὺς ἄλλους κτωμένων ἐν ἐκείνοις τοῖς μέρεσιν εὑρεθέντων καὶ λίθοις χερμάσι καταβεβληκότων ἅμα

no se podía sacar la mano de las almenas para arrojar una piedra. Todos podíamos tan solo arrojar piedras a ciegas contra los que se deslizaban bajo la muralla para impedirles subir por las escalas. No se consideraría una acción de guerra lo que hacíamos nosotros[47]. ¿Qué daño infligiría una piedra arrojada sin apuntar por una mano entumecida, si el que la lanza no puede ver a quién ni a dónde la arroja?

De esa manera los enemigos se mostraban superiores en todo, sin descuidar en absoluto el combate, mientras que nosotros estábamos muy confusos y atemorizados, suponiendo unos que Murad detendría el combate, otros esperando nuestra perdición y afirmando que la conquista de la ciudad era sin duda inevitable. Siendo esa la situación y grande nuestra confusión, unos estaban ocupados igualmente en combatir, otros estaban completamente aturdidos, otros sucumbían por las heridas causadas por las flechas, algunos huían de la muralla, no pudiendo quedarse allí nadie por miedo. Había pasado la hora tercera del cuarto día y, ¡ay!, de esa manera la ciudad fue tomada por los enemigos[48].

(13) Como llevaron escalas a muchos lugares, pero mientras que por unos no pudieron acercarlas al muro porque los rechazaban los de arriba (hasta que el miedo los atenazó a todos), por otros no pudieron cumplir su empresa tras haber subido unos peldaños, puesto que en aquellas zonas encontraron algunos que tenían más ánimo que los otros y los derribaron junto con las escalas con proyectiles de piedra, matando a muchos, así

ταῖς κλίμαξι τούτους, καὶ πολλοὺς τὸ ζῆν ἐζημιωκότων, —ὡς οὖν οὕτω ταῦτα γένοιτο καὶ πλήρεις ἦσαν ἐκεῖνοι θυμοῦ (μὴ οὐκ ὀλίγην ἡγοῦντο γὰρ ὀφλήσειν αἰσχύνην ἡττημένοι φανέντες), περιεργότερον στοχασάμενοι, καὶ τῶν κλιμάκων μίαν κατὰ τὸ Τριγώνιον θέντες, οὗ γωνία τις ἦν ἐκ πύργου καὶ οὐκ εἶχεν, ὅθεν ἄν τις τῆς ἀνόδου κωλῦσαι τὸν ἀναβαίνοντα καὶ πολλή τις τῶν ἀνθρώπων ἐτύγχανεν ἐρημία, τόλμην ψυχῆς τῶν ἄλλων τις πεζῶν ἐνδειξάμενος, τὸ ξίφος ἐνδακὼν τοῖς ὀδοῦσι καὶ τὸ θανεῖν ἀνθηρημένος τοῦ ζῆν, ἵνα μόνον ἀνδρείας δόξαν κομίσηται, μεθ᾽ ὅσης ἄν τις εἴποι τῆς εὐτολμίας τὸ τεῖχος ἀναβεβήκει, μηδ᾽ οὑτινοσοῦν αἰσθομένου τῶν ἔνδον καὶ κατ᾽ ἄλλο μέρος τῶν ἐναντίων τηρούντων τὴν ἄνοδον.

Λατῖνον οὖν εὐθὺς ἐν ταῖς πυργοβάρεσιν εὑρηκὼς τετρωμένον ἔναγχος καὶ τὰ λοίσθια πνέοντα, τούτου τὴν κεφαλὴν ἐκτεμὼν τῶν πολεμούντων εἰς μέσον κατέρριψε, δείξας ὅπως τε τοῦ μέρους ἐκείνου κεκράτηκε καὶ ὡς τὰ τείχη πάντες ἀπολιπόντες ᾤχοντο ἀμεταστρεπτί. Ἐννάτην ἦγε καὶ εἰκοστὴν ὁ Μάρτιος τότε, ἔτος δὲ τριακοστὸν ὄγδοον πρὸς τῷ ἑξακισχιλιοστῷ ἐνακοσιοστῷ ἐνειστήκει.

Παραθαρρύνας τοίνυν ἐκεῖνος πάντας πεζοὺς τὸ τάχος τε ἀνιέναι ἐβόα καὶ τὴν ἐρημίαν ἐδήλου. Οἱ δ᾽ ὡς εἶχον πάσας παραχρῆμα κλίμακας θέντες, συχνοὶ δι᾽ αὐτῶν ἀναβαίνειν ἠπείγοντο σὺν βοῇ καὶ τῷ τῶν ἀπὸ δέρρης τυμπάνων ἤχῳ· φέρει γὰρ καὶ τοῦτο πολλήν τινα ἐν τοῖς πολέμοις τὴν ἔκπληξιν. Πολλοὶ δὲ παραβόλως καὶ ἀναρριχᾶσθαι παρωρμῶντο προθύμως διὰ πολλὴν τοῦ κέρδους ἐπιθυμίαν καὶ διὰ τῶν πυργοβάρεων ἐπεισπίπτειν ἐσπούδαζον.

pues, como esto sucedía y ellos estaban llenos de rabia (consideraban no poca vergüenza verse obligados a admitir su derrota), calcularon más concienzudamente y colocaron una de las escalas en el Trigonio, en una esquina de la torre por donde no había forma de impedir que subiesen y resultaba que había una gran escasez de hombres[49]. Un soldado de infantería que se mostraba más osado de espíritu que los otros mordió la espada con los dientes y, prefiriendo la muerte a vivir —solo para ganarse fama de valiente—, subió por el muro con toda la temeridad que pueda imaginarse, sin que se diese cuenta ninguno de los de dentro, que vigilaban el asalto de los enemigos por otra parte[50].

A un latino recién herido que encontró justo en las troneras y estaba a punto de expirar le cortó la cabeza y la arrojó en medio de los contendientes, como señal de que aquella parte había sido tomada y de que todos, abandonando la muralla, se iban sin mirar atrás. Corría el día veintinueve de marzo del año seis mil novecientos treinta y ocho[51].

Aquel gritaba animando a todos los soldados de infantería a subir lo más rápidamente posible y declaraba que no había nadie. Al instante colocaron todas las escalas como pudieron y muchos de ellos se apresuraban a subir con gritos y con el resonar de los tambores de cuero. Eso provocó gran estupor entre los combatientes. Muchos se precipitaban animosos a escalar con gran peligro de sus vidas por el afán de obtener un gran botín y se esforzaban en irrumpir por las troneras. De ese modo subían los que podían.

Ὅσοι μὲν οὖν ἐδύναντο, τόνδε τὸν τρόπον ἀνέβαινον. Οἷς δ᾽ οὐκ ἦν ἐφικτὸν διὰ τῶν κλιμάκων, διὰ τῶν ὀρυγμάτων, ὧν εἰργάσαντο, πολλῶν ὄντων, ἐπὶ τὴν πόλιν δρομαῖοι συνέρρεον, ἄλλος ἄλλον τῷ τάχει νικῶντες καὶ ταῖν χεροῖν τὰ ξίφη φέροντες, καὶ οἷον ἐρίζοντες, τὶς ἂν φθάσειε πρότερος ἐπὶ τὸ τῆς πόλεως οἰκούμενον μέρος καὶ μάλιστα τὸ πρὸς θάλατταν πρὸς αὐτὸ γὰρ τοὺς πλείους καὶ μάλιστα τοὺς Λατίνους ὑπέλαβον διὰ τὰς τριήρεις προσπεφευγέναι. Πάντες οὖν ἡμεῖς, ὡς εἶχεν ἕκαστος τάχους, οἱ μὲν κατ᾽ οἴκους ἐθέομεν, οἱ δὲ ναοῖς ἱεροῖς κατεφεύγομεν, ἕτεροι ὑπονόμους καὶ μνήματα καὶ εἴ τι πρὸς σωτηρίαν ἦν ἐπιτήδειον ὑποδῦναι σὺν τρόμῳ ἠγωνιζόμεθα, ἄλλοι τὸ τοῦ αἰγιαλοῦ κατελάμβανον μέρος, οἰόμενοι δῆθεν τῶν τριηρῶν ἐπιβῆναι ἢ πλοίων ἑτέρων, μεθ᾽ ὅσης ἄν τις εἴποι τῆς φρίκης· ᾤοντο γὰρ πολλοὶ μήπω τοὺς πολεμίους εἰσιέναι ἐκεῖθεν. Τὸ δ᾽ ἦν τοὐναντίον καὶ τῆς γε ἐλπίδος διήμαρτον οἱ τοῦτο διανοούμενοι.

Τοῦτο καὶ κατὰ τὸν πύργον τὸν καλούμενον Σαμαρείαν εἶδον πάντες συμβάν. Πάντων γὰρ προσδοκώντων ὡς, ὅταν ἡ πόλις ἁλῷ, μὴ ἂν τοῦτον εὐθὺς προδεδόσθαι ἢ τὴν ταχίστην διὰ πολέμου ληφθῆναι, πρὸς τὴν τῆς θαλάττης αὐτὴν κείμενον ἠϊόνα καὶ διατειχίσμασι καὶ ὅπλοις καὶ πᾶσι τοῖς ἀναγκαίοις καλῶς κατωχυρωμένον, —ταύτην οὖν τὴν ματαίαν ἐλπίδα πάλαι ἡμῶν κεκτημένων, οὐκ ὀλίγοι δή τινες καὶ πρὸς τοῦτον κατέδραμον ἐπὶ φυλακῇ τῶν ἰδίων σωμάτων· πλὴν κἀνταῦθα τῆς ἐλπίδος διήμαρτον. Μόγις γὰρ τῶν Λατίνων, ὅσοι προὔχοντες ἦσαν, καὶ Τζεταρίων ὀλίγοι μετὰ τῶν προϋπαρχόντων

Quienes no podían por las escalas afluían a la ciudad corriendo a través de las galerías que habían practicado, que eran muchas, superándose mutuamente en velocidad con espadas en ambas manos y como disputando quién llegaría el primero a la parte habitada de la ciudad y especialmente a la costa. Sospecharon que muchos, especialmente latinos, correrían a refugiarse allí por las galeras. Todos nosotros, cada cual con la mayor rapidez posible, unos corríamos a las casas, otros nos refugiábamos en las sagradas iglesias, otros se afanaban aterrorizados en ocultarse en sótanos y tumbas —en caso de ser conveniente para salvarse—, otros ocupaban la parte de la costa, con todo el horror que pueda imaginarse, creyendo supuestamente que iban a embarcar en galeras o en otros barcos. Muchos creían que los enemigos jamás entrarían por allí. Pero era todo lo contrario y los que pensaban eso se equivocaban.

Todos vieron lo que sucedía en la torre denominada Samaría[52]. Todos esperaban que, cuando la ciudad fuese conquistada, esa torre no se entregaría directamente ni sería tomada en combate a la mayor rapidez, porque estaba a la orilla del mar, bien pertrechada y con fortificaciones, armas y todo lo necesario. Teniendo nosotros esa esperanza vana desde hacía tiempo, algunos, no pocos, bajaron corriendo a ella para proteger sus propias vidas. Pero también allí se frustraron sus esperanzas. Apenas se refugiaron en ella los latinos principales y con ellos unos pocos tzetarios para vigilar a los que ya estaban allí antes, inmediatamente impidieron la entrada a los demás. Por la fortificación que se proyecta en

εἰς φυλακὴν εἰς τοῦτον συνέφυγον μόνον καὶ τοὺς ἄλλους εὐθὺς κεκωλύκεσαν τῆς εἰσόδου. Οἳ καὶ διὰ τοῦ κατὰ θάλατταν προβεβλημένου διατειχίσματος (Τζερέμπουλον τοῦτο καλεῖν πάντες εἰώθαμεν) εἰς τὰς τριήρεις εἰσίασι, πρὸ μικροῦ πρὸς αὐτὸν μετὰ προεισιόντων ἄλλων ἐκ τοῦ λιμένος καθορμισθείσας].

(14) Διὰ τῶν κλιμάκων οὖν καὶ τῶν ὀρυγμάτων, ὡς ἔφημεν, τῶν πολεμίων τῆς πόλεως ἐντὸς γενομένων, οἱ μὲν ἐπὶ τὰς οἰκίας συνέτρεχον καὶ τοὺς ἀνθρώπους, οἱ δ' ἐπὶ τὰς πύλας τῆς πόλεως αὐτὰς ἀναπεταννύναι πρὸς τὸ τὴν πόλιν εἰσελθεῖν ἅμα παντὶ τῷ στρατεύματι τὸν Μουράτην. Καὶ εἶδες ἂν δίκην μελισσῶν ἢ θηρῶν ἀγρίων εἰσιόντας αὐτοὺς ὠρυομένους καὶ φόνον πνέοντας τὸν ἡμέτερον καὶ τὴν πόλιν τοὺς μὲν πεζῇ, τοὺς δ' ἐφίππους διαλαμβάνοντας.

Ὡς δ' ἡ πόλις πεπλήρωτο πᾶσα καὶ πάντ' εἶχον αὐτούς, καὶ νεῲ ἱεροὶ καὶ μοναὶ θεῖαι καὶ ἀγυιαὶ καὶ οἰκίαι, τότε δὴ τὸ θρήνων πολλῶν ἐκεῖνο καὶ δακρύων ἄξιον πρᾶγμα ἐπράττετο. Διαλαβόντες γὰρ τὴν πόλιν πᾶσαν, ὥσπερ εἰρήκειμεν, καὶ οἷα λύκοι βαρεῖς ἐφ' ἡμᾶς ἐφορμήσαντες, ἁρπάζειν ἅπαντα ἔσπευδον κατὰ τὴν τοῦ κρατοῦντος ὑπόσχεσιν· ἔφη γὰρ ἐν τῷ πολεμεῖν ὡς, εἴ γε ἡ πόλις ληφθείη καὶ τὴν ἐπιθυμίαν εἰς πέρας ἀχθεῖσαν ἴδοι τὴν ἑαυτοῦ, ἔχειν μετ' ἐξουσίας ἕκαστον, εἴ τι ἂν λάβοι καὶ παρὰ παντὸς ἀναφαίρετον. Εἷλκον οὖν ἀναμεὶξ ἄνδρας, γυναῖκας, παιδία, πᾶσαν ὁμοῦ ἡλικίαν, δεδεμένους, ὥσπερ ἄλογα ζῷα καὶ πρὸς τὸ στρατόπεδον ἔξω τῆς πόλεως πάντας ἐξῆγον. Καὶ σιωπῶ τοὺς πεσόντας, οὐχ ὑπὲρ ἀριθμὸν ὄντας, κατά τε τὰ

el mar (que todos solemos llamar Tzerémbulo) estos embarcaron en las galeras atracadas cerca de ella con otras que habían llegado del puerto con anterioridad[53].

(14) Como decíamos, los enemigos entraron en la ciudad por las escalas y los túneles. Unos corrían a las casas y asaltaban a la gente, otros a las puertas de la ciudad, a abrirlas para que entrase en la ciudad Murad con todo el ejército. Había que verlos entrar como abejas o animales salvajes aullando, exhalando muerte contra nosotros y repartiéndose la ciudad unos a pie y otros a caballo.

Cuando la ciudad se llenó toda y ellos lo tenían todo (santas iglesias, monasterios sagrados, calles y casas), entonces, se hizo una cosa que provocó muchos lamentos y lágrimas. Se repartieron toda la ciudad, como hemos dicho, y se afanaban en raptar a todos siguiendo la promesa del jefe, atacándonos como crueles lobos, pues durante el combate decía que, si la ciudad era tomada y veía que se cumplía su deseo, cada uno, si cogía algo, lo mantuviese en su poder y nadie podía arrebatárselo. Arrastraban hombres, mujeres y niños, sin distinción, de cualquier edad, atados como bestias, y los sacaban a todos al campamento de fuera de la ciudad[54]. Y no hablo de los caídos –que eran incontables por la muralla y las calles–, que no merecían sepultura, «yaciendo presa de perros y de aves de rapiña», según dice Homero[55], no solo varones sino también mujeres, y de entre estos especialmente los más ancianos y más dé-

τείχη καὶ τὰς ἀγυιάς, μηδὲ ταφῆς ἠξιωμένους, «ἑλώρια δὲ κειμένους κύνεσσιν οἰωνοῖσί τε πᾶσι» καθ' Ὅμηρον, οὐκ ἄνδρας μόνον ἀλλὰ καὶ γυναῖκας, καὶ τούτων μάλιστα τοὺς γηραιοτέρους τε καὶ ἀσθενεστέρους. Σπεύδων γὰρ ἕκαστος τῶν πολεμίων δέει τοῦ πλήθους, οὓς ἐκράτησε, τὸ τάχος ἀγαγεῖν ἔξω καὶ τοῖς συσκήνοις αὐτοῦ παραδοῦναι, μή τινος ἰσχυροτέρου τὸ κέρδος γένηται, ὅπερ ἂν εἶδε τῶν ἀνδραπόδων ὑπὸ γήρως ἢ καὶ νόσου τάχα τινὸς οὐκ ἔχον τοῖς ἄλλοις βαίνειν παραπλησίως, τὴν κεφαλὴν ἀπέτεμνε τούτου καὶ ζημίαν ἥκιστα ἐλογίζετο. Τότε πρῶτον παῖδες μὲν γονέων, γυναῖκες δὲ ἀνδρῶν καὶ φίλοι φίλων καὶ οἱ καθ' αἷμα τῶν ὁμοίων ἐλεεινῶς ἐχωρίζοντο.

Καὶ τὸ θανεῖν ἡμᾶς ἀδίκως ἐν ὑποψίαις ἐτύγχανε. Καὶ συνεχύθη μὲν ἡ πόλις καὶ βοὴ παρὰ πάντων σύμμεικτος ἦρτο καὶ θορύβου πάντα καὶ γόων μεστά. Οἱ μὲν γὰρ ἄγοντες ἐξήρχοντο τοὺς δυστυχεῖς ἐν δεσμοῖς, οἱ δ' εἰσεχέοντο, σπουδάζοντες ἁρπάσαι τοὺς προτέρους, ἅπερ διέφυγε. Πλὴν ἀλλ' οὐκ ἐξ ἴσης πᾶσιν ἧκε τὸ κέρδος· τοσοῦτο γὰρ ἦσαν τὸ πλῆθος, ὅτι μέρος αὐτῶν τὴν πόλιν τῶν ἀνθρώπων ἐκένωσε καὶ τῶν αὐτοῖς προσόντων χρημάτων καὶ μάλισθ' ὅσον τὴν ἀρχὴν εἰσήει διὰ τῶν κλιμάκων πεζόν.

Ὡς οὖν οὕτω ταῦτα προβαίη καὶ περιέσχον ἡμᾶς εἰς ἑπτακισχιλίους ἀριθμουμένους ἅμα γυναιξὶ καὶ παιδίοις, πάντας εἰς τὸ στρατόπεδον ἀγαγόντες ταῖς σκηναῖς ἐνδιάγειν παρέσχον, δεδεμένους κἀκεῖ καὶ τὰ τιμήματ' ἀπηρίθμουν ἑκάστων, οἰμωγαὶ δὲ καὶ δάκρυα πανταχοῦ. Νήπια μὲν γάρ, ὅσα ταῖς μητρῴαις ἐναποκείμενα ἦσαν ἀγκάλαις καὶ ὑποτίτθια, ἐλεεινῶς κλαυθμυρίζοντα,

biles, pues, por miedo a la turba, cada enemigo sacaba fuera rápidamente a los que atrapaba y se los entregaba a sus camaradas, no fuesen botín de uno más fuerte. Si veía a cualquier prisionero que quizá no podía caminar con los demás por vejez o enfermedad, lo decapitaba y de ninguna manera lo consideraba una pérdida. Entonces se separaban entre lamentos por vez primera hijos de padres, esposas de maridos, amigos de amigos y los familiares de los de su misma sangre.

Teníamos la sospecha de que moríamos injustamente. La ciudad estaba revuelta y se alzaba un griterío confuso de todos nosotros y en todo reinaban el alboroto y las lamentaciones. Unos salían llevando encadenados a los desgraciados, otros irrumpían apresurándose a arrebatar a los que se les habían escapado a los anteriores. Pero el botín no fue igual para todos. Tan grande era el ejército que una parte de él, principalmente los soldados de infantería que habían entrado al principio por las escalas, vació la ciudad de personas y de los bienes que les pertenecían[56].

Así nos iban las cosas. Nos encerraron a unos siete mil, incluyendo mujeres y niños, a todos nos llevaron al campamento y nos procuraron tiendas para vivir también allí atados, calculando el valor de cada uno[57]. Había lamentos y llantos por doquier. Los lactantes, que hasta entonces habían estado en brazos de sus madres o a sus pechos, buscaban a estas entre llantos lastimeros. Ellas los buscaban deambulando, golpeándose y mostrando mejillas ensangrentadas. Los hombres, al ver a

ταύτας ἐζήτουν· αἱ δὲ περιοῦσαι κοπτόμεναι καὶ τὰς παρειὰς ἐξαίμους δεικνῦσαι ταῦτ' ἀνηρεύνων. Καὶ ἄνδρες μὲν τὰς ἑαυτῶν παρ' ἄλλων ληφθείσας γυναῖκας ὁρῶντες, τῷ τῆς συζυγίας αὐτῆς καὶ συμπνοίας κινούμενοι φίλτρῳ, τὸν χωρισμὸν ἀπωδύροντο· γυναῖκες δὲ τοὺς ἄνδρας ἀναζητοῦσαι δάκρυσιν ἀμυθύτοις περὶ αὐτῶν ἐρωτῶσαι τὰς σκηνὰς περιήεσαν· Καὶ τέκνα μὲν τοὺς τεκόντας ἀφῃρημένα τὴν μόνωσιν οὐκ εἶχον ὑπομένειν οὐδ' ὁπωσοῦν· οἱ τεκόντες δὲ περὶ τούτων ἀνερευνῶντες τῆς φυσικῆς αὐτοὺς διεγειρούσης στοργῆς, τὸν ἀέρα θρήνων ἐπλήρουν καὶ στεναγμὸς ἦν αὐτοῖς διηνεκὴς καὶ ἀπαρηγόρητον δάκρυον.

Τότε καὶ κόραι πολλαί, μήπω πρότερον ἀνδράσιν ὀφθεῖσαι μηδὲ τῆς πατρικῆς οἰκίας ἐξιέναι καταθαρρήσασαι, γάμοις δὲ νομίμοις τηρούμεναι καὶ τοῖς πολλοῖς ἀγνοούμεναι, χερσὶν ἀνδρῶν ἐκρατοῦντο καὶ ταῖς σκηναῖς μετ' αὐτῶν συνδιῇγον. Καὶ εἶδες ἂν ἐν ἑκάστῃ σκηνῇ γυναῖκας συμμειγεῖς ἀνδράσι πολίταις καὶ ἄνδρας ὁμοίως γυναιξὶ τῶν ἁλόντων· τῆς γὰρ ἁρπαγῆς κοινῆς γενομένης, ὁμοίως ἐν ὁμοζύγοις καὶ τέκνοις καὶ συγγενέσιν, ἄλλος μὲν ἥρπασε τὴν γυναῖκα, ἕτερος δὲ τὸν ἄνδρα καὶ ἄλλος τὰ τέκνα καὶ λοιπὸν ἦσαν ἀναμεὶξ οἱ καθόλου καὶ ἀγνοούμενοι παρ' ἀλλήλων.

Μοναχοὶ δὲ γυναιξὶ συνελκόμενοι, πρᾶγμα γέμον αἰσχύνης ἐδόκει καὶ τοῖς ἕλκουσι τοῦτο γέλως ὑπῆρχε πλατύς· εἰδότες γὰρ ἢ πυθόμενοι μοναχῶς αὐτοὺς βιοτεύοντας καὶ τὴν μετὰ γυναικῶν παντελῶς ἀπειπαμένους συνοίκησιν, τέρψιν ἰδίαν ἡγοῦντο τούτους ὁρῶντες συνδιαφέροντας αὐταῖς τὸ δεινὸν καὶ συνδιάγοντας ἐξ ἀνάγκης ὁμοῦ.

sus esposas arrebatadas por otros, lamentaban la separación movidos por el amor a su pareja, a la que estaban unidos. Las mujeres vagaban buscando a sus esposos entre lágrimas incontables preguntando por ellos en las tiendas. Los hijos no podían soportar de ninguna manera la soledad privados de sus progenitores. Los padres, buscándolos por el amor natural despertado hacia ellos, llenaban el aire de lamentos. Sus suspiros eran constantes e inconsolable su llanto.

Entonces muchas chicas que no habían sido vistas antes por varones ni habían tenido el valor de salir de la casa paterna, reservadas para las bodas legítimas y desconocidas por la mayoría, estaban presas de la mano de hombres que las llevaban con ellos a las tiendas[58]. Había que ver en cada tienda a mujeres mezcladas con sus conciudadanos y también a hombres con mujeres de los prisioneros. Al ser un pillaje general, igual para cónyuges, hijos y familiares, uno raptaba a la mujer, otro al marido y un tercero a los hijos. De ahora en adelante quedaban mezclados y no volvían a saber unos de otros.

Parecía cosa vergonzosa: monjes amontonados con mujeres; y a los que los arrastraban esto les provocaba carcajadas. Como supieron o se enteraron de que ellos vivían en soledad y tenían la convivencia con mujeres completamente prohibida, consideraban una diversión verlos conllevando con ellas la desgracia y conviviendo juntos por obligación[59].

(15) Τούτων οὕτω κεχωρηκότων καὶ ὅσα ἄν τις ἐκ τούτων ἀκολούθως εἰκάσειεν ἕτερα καὶ πᾶσαν τὴν λείαν ἐν ταῖς σκηναῖς συναγηοχότων τῶν Τούρκων, ὁ τῆς Δύσεως στρατηγὸς καὶ αὖθις τὴν πόλιν εἰσέδυ ταύτην, ἵν᾽ ἀκριβέστερον κατοπτεύσωσι καὶ μηδὲν αὐτοὺς λάθῃ κρυπτόμενον ὁπουδήποτε, ὅτε δὴ καὶ τὰ τῆς πόλεως ἄρδην ἅπαντα ἠφάνιστό τε καὶ ἀνατέτραπτο καὶ οὐδέν, οὔτε ναὸς ἱερὸς οὔτε μονὴ οὔτ᾽ οἰκία καὶ τῶν φαυλοτέρων αὐτῶν ἀσάλευτος καταλέλειπτο. Τὸ δ᾽ αἴτιον, ὅτι τῶν πολιτῶν, ὅσοι περιουσίαν ἐκέκτηντο τῷ μακρῷ συγκλεισμῷ μὴ δαπανηθεῖσαν, τὴν ἔφοδον τῶν πολεμίων ἀκηκοότες, ὃ πεπόνθεσαν δεδιότες, οἱ μὲν ναοῖς ἱεροῖς, οἱ δὲ μνήμασιν, ἕτεροι δὲ οἷς ἐδύναντο τόποις ἐναπέθεντο ταύτην, εἰ μὲν αὐτοῖς θανεῖν γένοιτο κατὰ τὴν προσδοκίαν, τῶν ἔπειτα ταύτην ἵνα τινὲς εὑρηκότες, οἷα συμβαίνει, τῆς ἐκείνων ψυχῆς ὑπεραγωνίσωνται, εἰ δὲ τὸν θάνατον ἀποφύγοιεν, εὕρωσί τε καὶ χρήσωνται πρὸς ἐλευθερίαν.

Οἱ δὲ τῆς ἐλπίδος ἐψεύσθησαν. Ἁλόντες γὰρ τοῦ μὲν ἀδίκως τεθνάναι, θεοῦ τὸν οἰκεῖον ἔλεον ἐπιδειξαμένου, πλὴν ἐνίων, κἀκείνων, οἷον προδιειλήφειμεν, ἀνώτεροι διεδείχθημεν, τοῦ δὲ τοῖς προσοῦσι χρήσασθαι πρὸς ἀνάρρυσιν οὐκ ἐπέτυχον. Δεινοὶ γὰρ ὄντες οἱ Τοῦρκοι καὶ πρὸς ἐπινοίας πολλὰς εὐπορώτατοι τῇ περὶ τὰ πράγματα τούτων πολυπειρίᾳ, οὓς τῶν πολιτῶν ἐποίησαν αἰχμαλώτους καὶ μάλιστα τὰς γυναῖκας διὰ τὸ τούτων εὐεξαπάτητον, λόγοις ὑπελθόντες πολὺ τὸ ἐπαγωγὸν κεκτημένοις, ἐλευθερίαν αὐταῖς ὑπισχνοῦντο τελείαν, εἰ χρήματα τούτοις γνωρίσειαν

(15) Así fueron las cosas y les siguieron otras que cualquiera podría imaginarse. Los turcos llevaron todo el botín a las tiendas. El general de Occidente entró otra vez en esta ciudad para explorarla más a fondo y para que nada oculto les pasase desapercibido en ninguna parte. Entonces todo lo que había en la ciudad se desvaneció y fue absolutamente destruido y nada, ni santa iglesia ni monasterio ni casa, incluso de las más viles, quedó intacta[60]. La causa fue que los ciudadanos que tenían bienes sin gastar por el prolongado asedio[61], al oír hablar del ataque de los enemigos, temiendo lo que pasó, unos los depositaban en santas iglesias, otros en tumbas, otros en los sitios en que podían, por si sucedía que ellos morían, como se esperaba, para que los encontrasen algunos de los descendientes, tal como suele suceder, e hiciesen responsos por sus almas y, si escapaban a la muerte, encontrarlo y usarlo como rescate.

Pero se engañaron en sus esperanzas, pues una vez presos (mostró Dios su compasión), ni llegaron a padecer una muerte injusta –excepto algunos, en quienes nos hemos detenido antes y a los que hemos mostrado más arriba– ni a usar su fortuna para rescatarse. Los turcos eran hábiles y muy fértiles en todo tipo de engaños por su múltiple experiencia en tales asuntos y a los ciudadanos que hicieron prisioneros, especialmente a las mujeres por su ingenuidad, les prometían la libertad total para ellas con palabras muy persuasivas si les revelaban el dinero propio o el ajeno. Las engañadas en nombre de la libertad se pusieron con diligencia cada

οἰκεῖά τε καὶ ἀλλότρια. Αἱ δὲ πρὸς αὐτὸ τοὔνομα τῆς ἐλευθερίας ἀπατηθεῖσαι, γνωρίζειν εὐθὺς ἑκάστῃ τῷ ἰδίῳ δεσπότῃ σπουδῆς ἔργον πεποίητο καὶ τὰ ἑαυτῆς καὶ τοῦ γείτονος, εἴ τινα περὶ τούτων εἴδησιν εἶχεν. Ὡς δ᾽ ἀρχὴ τοῦδε γέγονε τοῦ κακοῦ καὶ χρήματα πολλοὶ τῶν Τούρκων ἀνεῦρον, γνωριζουσῶν τοὺς ταῦτα κρύπτοντας τόπους τῶν γυναικῶν, λόγος γίνεται περὶ τούτου διὰ παντὸς τοῦ στρατεύματος καὶ πάντες οἱ κατασχόντες αἰχμαλώτους ἀνθρώπους πρὸς τὸν ὅμοιον διανίστανται ζῆλον, τοὺς μὲν ὑποσχέσεσι περικεχρωσμέναις ἀπάτῃ, τοὺς δὲ λόγοις ὁμοίως ἑτέροις ἐπὶ φανερώσει τῶν ἰδίων παρακαλοῦντες χρημάτων καὶ φενακίζοντες. Ὅσους δὲ δυσπειθεστέρους τῶν ἄλλων ἑώρων (ἤλπιζον γὰρ τῶν νουνεχεστέρων πολλοὶ τῆς θωπείας αὐτοὺς ὑπενδοῦναι καὶ τῶν πολλῶν ἐκείνων ἀπατηλῶν λόγων, κἀντεῦθεν τὰ κεκρυμμένα διατηρῆσαι τούτοις πολυειδεῖς τινας τιμωρίας ἐπῆγον, ἕως καὶ τούτοις εἰς ἀνάγκην ἐνέβαλον καὶ τὴν ἔνστασιν ἔλυσαν. Ὅθεν καὶ πολλοὶ τῶν δοκούντων, οἱ μὲν ταῖς θωπείας καθυπαχθέντες, οἱ δὲ τὰς τιμωρίας οὐκ ἐνεγκόντες, φανεροῦν τὰ κεκρυμμένα σπουδάζοντες ἦσαν καὶ ἄκοντες.

Πρὸς γὰρ πᾶσαν ἀνάγκην, καὶ μάλισθ᾽ ὅταν θάνατος ᾖ τὸ προκείμενον, εὐχερῶς οἶδεν ὑποπίπτειν ἡ φύσις. Τοῦτο τῆς τῶν ἱερῶν ναῶν καὶ μονῶν κατασκαφῆς αἴτιον γέγονεν. Ἐνίων γὰρ διὰ τὸ ἀνύποπτον ἱεροῖς ἐναποθεμένων ναοῖς χρήματα καὶ ταῦτ᾽ ἐν αὐτοῖς τοῖς ἀδύτοις ὑπ᾽ αὐτὰς τὰς ἱερωτάτας τραπέζας καὶ τῆς ἀνάγκης ἐφεστηκυίας γνώριμα ταῦτα τοῖς τιμωροῦσι

una de ellas a revelar inmediatamente a su respectivo amo lo suyo y lo del vecino, si tenía noticia de ello.

Así dio comienzo esta desgracia y muchos turcos encontraron dinero porque las mujeres daban a conocer los lugares en donde estaba escondido. La noticia de este hecho se difunde por todo el ejército y a todos los que tenían personas presas los impulsa el mismo fervor, a unos con promesas teñidas de engaños, a otros suplicando y engañando con otras palabras semejantes para que mostrasen su dinero. A las que veían más difíciles de persuadir que las demás (muchas personas, más inteligentes, esperaban que cediesen un poco con lisonjas y muchas palabras engañosas y en consecuencia conservar los tesoros), a esas las sometieron a castigos de diversos tipos, hasta que las obligaron y vencieron su resistencia. De ahí que muchos de los que los creyeron, unos rendidos por las lisonjas, otros por no soportar los castigos, se apresuraran a revelar los tesoros ocultos, incluso contra su voluntad.

La naturaleza sabe rendirse complaciente ante cualquier necesidad, especialmente cuando la muerte es inminente. Esa fue la causa de la destrucción de las santas iglesias y de los monasterios. Habiendo depositado dinero algunos en los santos templos para estar libres de sospecha, en los propios sagrarios y bajo los santísimos altares, los dieron a conocer, obligados por la necesidad, a quienes los castigaban, mientras que los turcos se disponían a destruir su belleza: por el afán de dinero derribaron a toda prisa los divinos altares —so-

θεμένων, ἀφανίζειν τὸ κάλλος αὐτῶν ἐπεχείρουν οἱ Τοῦρκοι καὶ τὰς θείας τραπέζας, ἐφ' αἷς ἡ μυστικὴ καὶ ζῶσα καὶ σωστικὴ παντὸς ἐπετελεῖτο τοῦ κόσμου θυσία, τῇ τῶν χρημάτων ἐπιθυμίᾳ κατὰ σπουδὴν ἀνατρέπειν καὶ καταπάτημα φεῦ! τοῖς βουλομένοις τιθέναι· ὑπέλαβον γὰρ ὑπὸ παντὶ λίθῳ χρήματα κεῖσθαι καὶ διὰ τοῦτο πάντ' ἀνάστατα πεποιήκεσαν. Αὕτη κἀπὶ τῶν ἱερῶν εἰκόνων συμβέβηκεν ἐν ὕβρει διαφθορὰ καὶ τὰς μὲν πυρὶ παρέσχον, οἷον ἡμᾶς εἰς τὴν τούτων προσκύνησιν ζημιοῦντες, ταῖς δ' εἰς ὑποδοχὴν τῶν ὠνίων, ὦ θεοῦ ἀνοχῆς, ἐπὶ μέσης τῆς ἀγορᾶς ἀναίδην ἐχρήσαντο, τινὰς δὲ καὶ διετήρησαν ἴσως, ὅσοι τῶν ἄλλων εἰς κτῆσιν χρημάτων θερμότεροι καὶ ἀργυρίου ταύτας ἀπέδοντο.

(16) Τί δ' ἂν εἴποις περὶ τῆς μυροδόχου τιμίας λάρνακος τοῦ ἡμεδαποῦ Τροπαιούχου καὶ Μάρτυρος; Ἥκιστα καὶ ταύτην εἴασαν ἀπερίτρεπτον καὶ μένουσαν, ὡς τὸ πρὶν, μανίας ὑπερβολῇ οἱ καθ' ἡμῶν, ὥσπερ θῆρες λυττήσαντες ἄγριοι, πλὴν οὐ δι' αἰτίαν καθ' ἣν καὶ τἆλλα τῶν πάλαι ἐξ ἡμῶν γενομένων ἠνέῳκτό τε καὶ καταβέβλητο μνήματα καὶ τὰ τούτοις ἐναποκείμενα λείψανα κατὰ γῆς ἀπερρίφησαν. Ἐν αὐτοῖς γάρ, καθότι πολλοὶ τῶν Τούρκων χρημάτων ἐπέτυχον, ἐναποτεθέντων παρὰ τῶν πολιτῶν, δι' ἣν ἐλπίδα φθάσαντες δεδηλώκειμεν, διὰ τοῦτο πάντα σχεδὸν ἠνέῳξαν καὶ κατέστρεψαν. Ἐνταῦθα δὲ δυοῖν εἵνεκα, τοῦ τε περὶ αὐτὴν οὐκ ὀλίγου χρυσῷ καὶ ἀργύρῳ καὶ λίθοις τιμίοις καὶ μαργάροις κατεσκευασμένου κόσμου καὶ τῶν ὑγείας παρεκτικῶν θείων μύρων. Οἱ μὲν γὰρ τοῦ κόσμου μόνον αὐτὴν ἀπεγύμνωσαν, οἱ δὲ βασκήναντες,

118

bre los que se cumplía el sacrificio místico, vivífico y salvador de todo el mundo– y se los pusieron a quienes querían ¡ay! pisotearlos. Pues sospecharon que había dinero bajo cada piedra y por eso no dejaron piedra sin remover. Hubo destrucción infamante de imágenes sagradas: a unas les prendieron fuego, como castigándonos a nosotros, que nos prosternamos ante ellas; otras las usaron con irreverencia en mitad del mercado, como receptáculo de mercancías, oh, divina tolerancia; algunas las conservaron, tal vez los más ansiosos que otros por adquirir dinero, y las vendieron por monedas de plata.

(16) ¿Qué decir del venerable sepulcro fragante del triunfador mártir de nuestra tierra?[62] Nuestros enemigos, con furia exagerada y como rabiosas bestias salvajes, no permitieron que quedase intacto, como estaba antes, sino que las tumbas fueron abiertas y derribadas, pero no por la razón por la que nos habían sucedido otras cosas antaño, y arrojaron por tierra los restos mortales depositados en ellas. En efecto, habiendo los ciudadanos hecho depósitos en ellas, según muchos turcos se iban haciendo con el dinero, con la esperanza que hemos declarado antes, por eso abrieron y destruyeron casi todo entonces por dos razones[63]. En torno al sepulcro había adornos compuestos de no poco oro, plata, piedras preciosas y perlas y divinos perfumes sanadores[64]. Unos lo despojaron solo de los adornos, otros por envidia, como para privarnos de los inagotables aromas

οἷον ἡμῖν τῆς ἀφθονίας τῶν μύρων καὶ τῆς ἐκ τούτων ἰάσεως ἀφῃρηκέναι καὶ ταῦθ᾽ ἡμᾶς ἐβουλήθησαν, ὡς μηδὲν ἔχειν τοῦ λοιποῦ τούτων ἀπολαύειν, ὁσάκις ἂν ἕκαστος δέοιτο. Διὸ καὶ καταβεβληκότες τὰς ἐπ᾽ αὐτῇ μαρμάρους τῶν μύρων ἔσπευδον αὐτὴν ἐκκενῶσαι καὶ τὸ ἱερὸν καὶ θεῖον λείψανον τοῦ μάρτυρος ἐκβαλεῖν· ἡγοῦντο γὰρ τοῦ σκοποῦ τούτου κατατυχεῖν καὶ ἡμᾶς τῶν ἀκενώτων μύρων καταλιπεῖν ἐνδεεῖς. Πλὴν ἀλλ᾽ οὐκ εἰς τέλος, οἷον αὐτοὶ σφαλερῶς προσεδόκων, ἡ σφῶν ἐπιθυμία ἐξέβη.

Ἐξήντλουν οὖν τὸ μύρον ταῖς χερσὶν ἀμφοτέραις ἐφ᾽ ἱκανὰς τὰς ἡμέρας. Καὶ τοῖς μὲν ὥς τι γελοῖον ἐδόκει· οἷς δὲ νοῦς ὑπὲρ τοὺς ἄλλους ὑπῆν, τούτοις ἦν ἐπιμελὲς πρὸς τὴν ἑαυτῶν τοῦτο μετακομίζειν καὶ μετ᾽ αἰδοῦς ἅπτεσθαι καὶ σεβάσματος· ἠκηκόεισαν γὰρ πρὸς τῶν πεπειραμένων ὡς ἰατρικῶν φαρμάκων ἐστὶν ἐνεργέστερον, εἰς οἷον ἄν τις χρήσαιτο πάθος.

Πλὴν ἀλλ᾽ οὐκ ἐδύναντο τὴν τῶν μύρων πηγὴν ξηρὰν καὶ ἄνικμον ἀποφῆναι, καίπερ πολὺν ὑπὲρ τούτου ποιούμενοι τὸν ἀγῶνα. Καὶ εἰκότως· οὐ γὰρ ἴσα τοῖς ἀνθρωπίνοις τὰ πρὸς θεοῦ τοῖς ἀξίοις κεχαρισμένα, ἐπειδήπερ μηδὲ τοῖς αὐτοῖς ὑπόκεινται ὅροις.

Ταύτην τὴν πονηρὰν ἐπεδείξαντο γνώμην καὶ περὶ τὸ τῆς ὁσίας καὶ μυροβλύτιδος Θεοδώρας ἱερώτατον λείψανον, ὃ καὶ ὡς ἐπιπολῆς κείμενον ἀπερρίφη τε κατὰ γῆς (ὦ τόλμης καὶ μιαρῶν χειρῶν!) καὶ κατεθραύσθη εἰς μέρη, ἃ δὴ καὶ τῶν φιλοθέων τινὲς ἀνελόμενοι ἄλλος μὲν ἀλλαχοῦ πρότερον ὡς ἰατρεῖον ἄμισθον ἀπεκόμισαν. Ὕστερον δὲ καὶ ταῦτα συνῆκται, τῶν εἰληφότων τῶν μὲν ἀποδομένων ταῦτα

y de la curación que proporcionan, decidieron que no podíamos disfrutar en lo sucesivo de nada de eso las veces que lo necesitase cada uno. Por eso, tirando los mármoles que había sobre él se apresuraban a vaciarlo de perfumes y sacar la reliquia divina y sagrada de los restos del Mártir. Pensaban obtener su objetivo y dejarnos sin los inagotables perfumes. Pero al final su deseo no se cumplió como ellos equivocadamente esperaban.

Estuvieron sacando el perfume a dos manos durante bastantes días. A unos les parecía algo ridículo; otros, que eran más inteligentes que los demás, se preocuparon de llevárselo a su tierra con el respeto de estar tocando un objeto de veneración. Habían oído a los expertos que era más eficaz como remedio en cualquier enfermedad que uno padeciera.

Pero sin embargo no podían secar la fuente de fragancia y dejarla reseca, aunque pusieron mucho afán en ello. Y es natural. Las gracias que Dios concede a quienes se las merecen no son las mismas que las propias de los seres humanos, puesto que no están en las mismas condiciones.

Ese perverso comportamiento mostraron también con las santísimas reliquias de los restos de santa Teodora Miroblita[65], que estaban en lo alto y fueron arrojadas a tierra, ¡qué osadía y qué manos pecadoras!, y se hicieron añicos que unos devotos recogieron, cada uno en una parte, y entregaron primero como remedio gratuito. Luego se juntaron porque los que los habían cogido, unos los devolvieron por una compensación en di-

τιμῆς ἀργυρίων, τῶν δὲ χαρισαμένων δι' ἢν ἔσχον φιλόθεον γνώμην, ἃ καὶ εἰς ἑνὸς αὖθις συναρμοσθέντα σώματος ὁλομέλειαν θαυμάτων ἐνεργείᾳ καθ' ἑκάστην ἀφθόνως πηγάζουσιν εἰς δόξαν καὶ αὖθις τοῦ πάντα πᾶσιν ἐπάγοντος λόγοις οἰκονομίας ἀρρήτου.

(17) Τούτων οὕτω προβεβηκότων καὶ ἀκοσμίας πάσης γεγενημένης (διὰ πάντων γὰρ τῶν ἐν τῇ πόλει κεχώρηκεν ἡ καταφθορὰ) οἶκτον ἐπὶ τούτοις ὁ Μουράτης λαμβάνει τῆς πόλεως. Καὶ πρῶτα μὲν τοὺς εἰσιόντας ἅμα τῷ κατὰ δύσιν στρατηγῷ Τούρκους τὰς τῶν αἰχμαλώτων οἰκίας ἑαυτοῖς διανείμαντας καὶ ταύτας ἔχειν διὰ βίου παντὸς ἠλπικότας ἐξελαύνει καὶ μὴ προθυμουμένους τῆς πόλεως, ἐπειπὼν ὡς «ἀρκεῖ μὲν ὑμῖν τὰ χρήματα καὶ οὓς παρ' ἐλπίδα δούλους ἐκτήσασθε· τὴν δέ γε πόλιν ἔχειν ἔγωγε βούλομαι, πολλῶν διὰ ταύτην διηνυκὼς ὁδὸν ἡμερῶν καὶ πόνον ὑπενεγκών, ὅσον ἐγνώκατε». Ἔπειτα δὲ πρὸς τὸν Γαλλικὸν ποταμὸν μεταβάς, ἐγγὺς τῆς πόλεως ῥέοντα κατὰ τὸν καιρὸν μάλιστα τοῦ χειμῶνος, βουλὴν ἐσκέψατο πᾶσί τε ἀδόκητον ὅλως καὶ συστατικὴν τῆς ἑαλωκυίας. Ἰδὼν γὰρ πόλιν τοσαύτην καὶ οὕτω κειμένην τῇ θαλάττῃ τε προσομιλοῦσαν καὶ πάντα δεξιὰν οὖσαν, ᾤκτειρέ τε αὐτὴν καὶ πάλιν οἰκίσαι βεβούλητο.

Καὶ δὴ πρῶτον μὲν ἀνθρώπους ἀριθμητοὺς τῶν ἐπισημοτέρων καθ' αἷμά τε καὶ συγγένειαν τῆς δουλείας ἀπηλλάχθαι προσέταξε, παρεσχηκὼς αὐτὸς τὰ λύτρα καὶ τῇ πόλει τούτους ἐγκατοικῆσαι, ἔπειτα δὲ τὰ καταπεπτωκότα ταύτης ἐν τῷ πολέμῳ μέρη ταχέως τε ἀνορθοῦσθαι καὶ ὡς πρότερον ἦσαν ἐγκαταστῆναι. Καὶ

nero y otros los regalaron por la reputación de devotos que tenían. Ensamblados de nuevo en un único cuerpo entero por acción milagrosa, rezuman copiosamente cada día de nuevo para gloria del que todo lo rige para todos según los designios de su inefable providencia.

(17) Así se desarrollaron las cosas y sucedieron todo tipo de desórdenes (la destrucción había avanzado por toda la ciudad), a causa de los cuales Murad siente compasión por ella. En primer lugar, expulsa de la ciudad contra su voluntad a los turcos que habían entrado con el general de Occidente, se habían repartido las viviendas de los prisioneros y esperaban tenerlas toda la vida. Les dijo: «Os basta con el dinero y los esclavos que habéis obtenido sin esperarlo. La ciudad quiero tenerla yo. Sabéis que he hecho un camino de muchos días soportando fatigas»[66]. Luego cruzó el río Gálico, que fluye cerca de la ciudad, sobre todo en época invernal[67], y tomó una decisión totalmente sorprendente para todos, pero productiva para la ciudad tomada. Al verla tan grande, tan bien situada y asociada con el mar y favorable para todo, se compadeció de ella y quiso reconstruirla de nuevo.

En primer lugar, ordenó librar de la esclavitud a numerosas personas notables de sangre y estirpe, pagando él personalmente los rescates, y establecerlos en la ciudad y luego restaurar rápidamente las zonas de ella destruidas en la guerra y restablecerlas como estaban antes. La orden era esa. Trasladó el ejército y lo acam-

τὸ μὲν πρόσταγμα οὕτως εἶχεν, αὐτὸς δὲ μεταστήσας καὶ αὖθις τὴν στρατιὰν παρὰ τὰς ὄχθας τοῦ ποταμοῦ Βαρδαρίου ἐστρατοπεδεύσατο, ἔνθα δὴ καὶ μερισμὸς παντελὴς τῶν ἑαλωκότων ἐγένετο.

Ὅσοι μὲν γὰρ τῶν αἰχμαλώτων, ἢ δι' ὧν εἰπόντες ἔφθημεν λύτρων ἢ ἐξ ἑαυτῶν ἢ χριστιανῶν ἐξ ἑτέρων, ἐκ διαφόρων χωρῶν καὶ πόλεων συνειλεγμένων, τρόπον ἐξεῦρον ἐλευθερίας τινά, τετυχήκεσαν ταύτης ἔτι τῷ ποταμῷ Γαλλικῷ τοῦ Μουράτου ἐνδιατρίβοντος. Ὅσοις δὲ τρόπος ὑπ' ἀπορίας τηνικαῦτα οὐχ εὕρηται, τούτους ἕκαστος ἐν ταῖς ἑαυτῶν πατρίσι καὶ τόποις ἐξέπεμψαν, τὰς ἐκ τῆς δουλείας ἀνάγκας ὑφισταμένους, μέχρις ἂν ὑπονοστήσαντες τὰ σφῶν τιμήματα διαθῶνται· οὐ γὰρ ἐδύναντο καὶ τούτους ἕλκειν μακρὰν ἀπερχόμενοι καὶ πρὸς πόλεμον ἕτερον. Εἶδες ἂν οὖν τοὺς δυστυχεῖς τοὺς μὲν ἐπὶ τὰ τῆς ἑῴας, τοὺς δ' ἐπὶ τὰ τῆς ἑσπέρας μέρη διασπαρέντας· οἱ μὲν γὰρ τοὺς τεκόντας, οἱ δὲ τὰ τέκνα καὶ ἕτεροι τὰς γυναῖκας ἐλάμβανον καί, οὓς ἡ φύσις ἥνωσεν, ἡ συμφορὰ διεμέρισεν.

(18) Ταύτῃ τῶν καθ' ἡμᾶς, ὡς μὴ ὤφελε, συμβεβηκότων καὶ τοιόνδε παρὰ τὰς ὄχθας τοῦ Βαρδαρίου πέρας εἰληφότων, ὁ Μουράτης ἐκεῖθεν διχῇ τὴν στρατιὰν διελὼν τὸ μὲν αὐτῆς ἐπὶ τὰ τῶν Ἰωαννίνων ἐξέπεμψε μέρη, αὐτὸς δὲ μετὰ θατέρου μέρους ἐπ' ἄλλους ἀπήει καταστρέψων κἀκείνους καὶ ὑπ' αὐτῷ ποιησόμενος. Πρότερον δὲ διὰ πάσης τῆς ὑπ' αὐτὸν κήρυκας ἐπεπόμφει, τοὺς πρὸ μακρῶν ἐτῶν καὶ τοῦ συγκλεισμοῦ τὴν Θεσσαλονίκην ἀπολιπόντας καὶ μετοικήσαντας ἀλλαχοῦ πρὸς αὐτήν, ἵν' ἐπανελθεῖν

pó de nuevo a orillas del río Vardar, donde se hizo el reparto completo de los cautivos.

Cuantos habían sido hechos prisioneros encontraron un modo de liberarse o bien por los rescates que acabamos de decir o bien por los que habían conseguido juntar de diversos lugares o ciudades por sí mismos o por otros cristianos. Y alcanzaron la libertad mientras Murad estaba aún en el río Gálico. Pero a cuantos por su pobreza en aquel momento no encontraron el modo los envió a cada uno a su propia tierra o lugar natal, a sufrir trabajos forzados hasta que regresasen tras depositar su rescate. No podían llevarlos a rastras consigo yendo a tierras lejanas para otra guerra. Había que ver a los desgraciados, dispersándose unos por regiones de Oriente y otros por las de Occidente. Unos rescataban a los padres, otros a los hijos, otros a las mujeres. A aquellos a quienes unió la naturaleza los separó la desgracia.

(18) Mientras entre nosotros sucedían así las cosas, que no deberían haber sucedido, y concluían de esa manera a orillas del Vardar, Murad dividió allí el ejército en dos partes y envió una de ellas a la región de Yoánina y él fue con la otra parte contra otros para destruirlos y ponerlos bajo su autoridad[68]. Antes había enviado heraldos por todo el territorio sometido a él a los que habían abandonado Tesalónica hacía muchos años, incluso antes del asedio, y se habían trasladado a otra parte para obligarlos a regresar a ella a la mayor rapidez y se trajesen otra vez sus bienes cuanto antes. Un propósito muy bueno y digno de mucha alabanza se le

πολλῷ τῷ τάχει καταναγκάσωσι καὶ τὰ οἰκεῖα πάλιν, ὡς τὸ πρότερον, ἀπολάβωσι. Σκοπὸς γὰρ αὐτὸν πάνυ τι καλὸς καὶ πολλῶν ἄξιος τῶν ἐπαίνων εἰσῄει, τὴν πόλιν καὶ αὖθις τοῖς οἰκήτορσιν ἀποδεδωκέναι καὶ πλήρη, καθάπερ καὶ τὸ πρίν, ἀποκαταστῆσαι.

Καὶ ἦν ἂν τοῦτο μετ' οὐ πολύ, εἰ μὴ τὰ ἡμέτερα πρὸς θεὸν κώλυμα γέγονε πταίσματα. Πόθῳ γὰρ τοῦ συστῆναι τὴν πόλιν φιλανθρώπου γνώμης τυχὼν ἐβούλετο πᾶσί τε ἐλευθερίαν χαρίσασθαι καὶ δοῦναι τούτοις, ὡς προὔφην, αὐτὴν καὶ τὰς αὐτῶν οἰκίας, ὡς πρίν, μετὰ πάσης ἀδείας κεκτῆσθαι καὶ εἴ τι προσῆν ἀκίνητον ἕτερον. Τῷ τοι καὶ πρὸς τοὺς ἀμφ' αὐτῶν φασί τινες ἐπομνύμενον λογάδας εἰπεῖν ὡς «ἄδικον ἂν εἴη μετὰ τῶν προσόντων τοῖς κρατηθεῖσι καὶ τούτους ἑλεῖν δεσμίους καὶ τῆς ἐνεγκαμένης ἀπαγαγεῖν· ἐλευθερώσωμεν οὖν αὐτούς, εἰ δοκεῖ, ἢ λαβόντες λύτρων ἄνευ αὐτούς, ἢ ταῦτα παρεσχηκότες ἡμεῖς». Τῶν δ' ἀκηκοότων τοὺς μὲν ἄλλους ἐπαινέσαι τε τὸν λόγον καὶ παρακαλέσαι πρὸς τοῦτο, ἕνα δὲ τῶν ἄλλων στρατηγῶν, ἐξοχώτατον, μὴ μόνον οὐκ ἀποδέξασθαι τὸ ῥηθὲν διὰ τὴν ἐλευθερίαν, ἀλλὰ καὶ οἷς ἐδύνατο λόγοις κωλῦσαι τὸ βούλημα καὶ πιθανὸν ὀφθῆναι διὰ τὸ ὑπερέχον.

Ἦν δὲ καὶ τοῦτο πάντως τῆς ἐμῆς ἁμαρτίας καρπός, ὡς ἐμαυτὸν πείθω, καθάπερ καὶ τἆλλα, ὅσα συμβέβηκεν. Εἰ καὶ ἴσως τινὲς τοῦτον τὸν λόγον οὐκ ἀνεῳγμένοις δεχόμενοι τοῖς ὠσί, μηδ' ἑαυτοὺς αἰτίους κρίνοντες τὰς θείας παρὰ φαῦλον ἐντολὰς τιθεμένους, ἀνθρώποις τὰς τῶν συμβαινόντων αἰτίας λογίζονται· ἐγὼ δὲ τὸ πᾶν τῆς τοῦ θεοῦ κρίνω παιδείας διὰ τὴν ἐμὴν ἐπανόρθωσιν. Πᾶσαι γὰρ αἱ πολυάνθρωποι φθοραί, ὡς αἱ θεῖαι

había metido en la cabeza: devolver la ciudad de nuevo a sus habitantes y volver a llenarla de gente como antes[69].

Y habría sucedido eso no mucho después, si nuestros pecados no hubiesen sido un obstáculo ante Dios. Por deseo de recomponer la ciudad tomando una decisión generosa, quería conceder la libertad a todos y permitirles, como ya he dicho, tener la ciudad y sus viviendas, como antes, con total confianza, así como cualquier otro inmueble que les perteneciese. Algunos dicen que aseguró a su guardia personal bajo juramento: «Sería injusto para los cautivos tenerlos atados a sus posesiones y apartarlos de su madre patria. Liberémoslos, si os parece bien, acogiéndolos sin que paguen rescate o pagándolo nosotros». De cuantos lo oyeron, unos alababan el discurso y le suplicaban hacerlo, pero uno de los otros generales, el más destacado, no solo no aceptó lo que se decía acerca de la libertad, sino que también se opuso a su voluntad con los argumentos que podía y se mostró convincente por su superior condición.

De todos modos fue también fruto de mi pecado, estoy convencido, como también las otras cosas que sucedieron[70]. Aunque tal vez algunos, que no aceptan esta opinión con los oídos abiertos y no se juzgan a sí mismos culpables, juzgan inútiles los mandatos divinos, atribuyendo a los seres humanos las causas de los sucesos, yo por mi parte lo considero todo castigo de Dios para que me corrija. Todas las desgracias masi-

διαγινώσκουσι καὶ ἀποφαίνονται βίβλοι, εἰς τὸν τῶν ὑπολειπομένων σωφρονισμὸν γίνονται τὴν πάνδημον πονηρίαν δημοσίαις μάστιξι τοῦ θεοῦ σωφρονίζοντος.

Πάντων οὖν, ὡς εἶπον, τὰ τῆς πόλεως ἑαυτοῖς διανειμαμένων, ὁ Μουράτης τὴν πόλιν ἀνθρώπων ἔρημην ἰδιοποιήσατο μόνην, πάσας οἰκίας ἔχειν τοὺς ἀρχῆθεν αὐτῶν κυρίους προστάξας, ἐλευθερίας τετυχηκότας καὶ πᾶσαν ἄλλην ἀκίνητον κτῆσιν, ταυτὶ μόνον προσθεὶς αὐτὸς τηνικαῦτα τοῖς κακοῖς γενομένοις, ὅτι τούσδε τοὺς ἱεροὺς οἴκους παρακατέσχε, τόν τ᾽ ἐπὶ μέσης τῆς πόλεως μέγαν νεὼν τῆς Ἀχειροποιήτου παρθένου καὶ θεοτόκου καὶ τὴν εἰς ὄνομα πάλαι τιμωμένην τοῦ τιμίου Προδρόμου μονὴν ἱεράν, τὸν μὲν ὡς σύμβολον νίκης καὶ τῆς γεγενημένης ἁλώσεως, τὴν δ᾽ ὡς καὶ πρὸ χρόνων παρὰ τῶν Τούρκων ληφθεῖσαν καὶ εἰς συναγωγὰς αὐτῶν τούτους μετήμειψε καὶ ὅτι περιφανὲς κατὰ τὴν Ἀδριανούπολιν βαλανεῖον ἐκ βάθρων αὐτῶν ἀνεγείρας μαρμάρους χιλίας ἐξελεῖν ἔπεμψε καὶ κομίσαι πρὸς τὴν ἐδάφους οἰκοδομίαν αὐτόθι, ναῶν ἱερῶν καὶ μονῶν ταύτας παρὰ τῶν πεμφθέντων ἀφειδῶς ἐκβληθείσας.

(19)   Ἀλλ᾽ ἀπῆλθον μὲν οἱ κήρυκες κατὰ πολλὰ τῆς ὑπ᾽ αὐτῷ μέρη, ὡς διειλήφειμεν, καὶ τοὺς εὑρισκομένους ἀπὸ Θεσσαλονίκης ἐν αὐτῇ κατηνάγκασαν ἐπανέρχεσθαι, αὐτοὺς πρὸ χρόνων μόνον ταύτης ἀπάραντας ἐκ τῆς τῶν δεινῶν συνεχείας, ἀλλὰ δὴ καὶ τῶν αἰχμαλώτων γεγενημένων τοὺς ὁθενδήποτε τῆς ἐλευθερίας ἠξιωμένους.

vas, según determinan y muestran los libros sagrados, se producen para correctivo de la posteridad, corrigiendo Dios la maldad pandémica con castigos colectivos[71].

Después de repartirse entre todos ellos, según he dicho, lo que había en la ciudad, Murad se adueñó de ella sola, vacía de personas, y dio orden de que los antiguos propietarios que hubiesen obtenido la libertad ocupasen todas sus casas y cualquier otro bien inmueble, añadiendo él en ese momento a las desgracias sucedidas solamente el hecho de que se quedó con los edificios sagrados: la gran iglesia de la Virgen Aquirópito y de la Madre de Dios, en el centro de la ciudad, y el sagrado monasterio venerado desde antaño con la advocación del santo Precursor[72]; una como símbolo de la victoria y de la conquista hecha y el otro por haber sido conquistado hacía tiempo por los turcos. Los transformó en mezquitas y, cuando erigió desde los cimientos un lujoso baño en Adrianópolis, envió a coger miles de mármoles y acarrearlos para poner el suelo allí, extraídos sin contemplaciones los de templos y monasterios sagrados por los enviados.

(19) Pero los heraldos se fueron a muchas regiones dominadas por él, como hemos dicho, y obligaron a regresar a la ciudad a los tesalonicenses que encontraban, a los que habían dejado la ciudad no solo hacía años por las continuas desgracias, sino también a los que, tras haber sido prisioneros, habían merecido la libertad, dondequiera que fuese.

Ἠλευθέρωνται καὶ γὰρ ἱκανοί, πολλῶν θεοφιλῶν ὑπὲρ ἀναρρύσεως ἡμῶν προθύμως κεκινημένων καὶ μάλιστα τοῦ τῶν Σέρβων ἄρχοντος, ᾧ τῶν ἄλλων αὐτοῦ πλεονεκτημάτων ἐξαίρετον ἡ πρὸς τοὺς δεομένους ἐστὶν εὐποιία ἑκάστοτε· χρυσίον καὶ γὰρ οὗτός τισιν, οἷς ἐθάρρει, χειρίσας ἐπ᾽ ἐλευθερίᾳ τῶν αἰχμαλώτων τοῦτο δοθῆναι παρεκελεύσατο. Καὶ οὐκ ἀπὸ τῆς ἐκείνου γνώμης ἐγένετο· ἐπρίαντο γὰρ τοῦ χρυσίου οἱ πρὸς αὐτὸ τεταγμένοι πολλούς, οἳ δὴ καὶ ἐπανιόντες ἐπὶ τὴν πόλιν, ὡς εἰκάζειν ἔχομεν, μέχρι τοῦ νῦν εἰσὶ μετὰ τῶν ἀπ᾽ ἄλλων τόπων ἐληλυθότων ὡσεὶ χίλιοι. Εἰ δὲ καὶ συναριθμεῖν τις ἐθέλοι καὶ τοὺς τὴν πόλιν οἰκήσαντας Τούρκους, εἶεν ἂν ὡσεὶ δισχίλιοι.

Διενοούμεθα δὲ τὴν πόλιν καὶ αὖθις τὴν πρὶν αὐτῆς εὐκοσμίαν ἀναλαβεῖν καὶ τὰ τῆς εὐσεβείας ἀνθῆσαι καὶ πλατυνθῆναι ὡς πρότερον. Καὶ γέγονεν ἂν ἴσως, εἰ μὴ καὶ πάλιν τὸ πλῆθος τῶν ἡμετέρων σφαλμάτων ἐμποδὼν ἐγεγόνει καὶ ἡ κακία μὴ χώραν εὗρεν. Ἐξ οὗ γὰρ ἡ πόλις δεδούλωτο καὶ ὁ Μουράτης πάντα καὶ κτίσματα καὶ κτήματα καὶ νεὼς ἱεροὺς καὶ μονὰς καὶ τὰς τῶν προσόδων αὐτῶν ἀφορμὰς ἐπανιοῦσιν ἡμῖν τοῖς ὁπωσδήποτε τῆς δουλείας ἀπαλλαγεῖσι φιλοτίμως καὶ γράμμασι καὶ λόγοις δεδώρητο, πανταχοῦ τε τοῖς ἀφικνουμένοις ἐλευθερίαν ἐκήρυξε καὶ αὐτῶν οἰκίας καὶ ὅσα ἀκίνητα πάντες ἀνέλαβον καὶ τάξις πᾶσα καὶ ἅπαν ἔθνος τῆς πόλεως πρὸς δευτέραν αὔξησιν καὶ ἀνακαινισμὸν προβαίνειν ἀπήρξαντο, ποιμήν τε τῇ πόλει κεχειροτόνητο καὶ ἐκκλησία συνέστη καὶ τὴν προτέραν ταύτης τάξιν ἀπείληφε, μοναχοί τε

130

Y son liberados bastantes, porque muchos devotos, llenos de voluntad, se movilizaron para liberarnos. Especialmente el caudillo de los serbios, quien, entre otras virtudes, tiene una caridad extraordinaria para con los necesitados en toda ocasión. Entregó dinero a unos en quienes confiaba y les dio orden de pagar por la libertad de los prisioneros. Sucedió sin apartarse de su plan. Con el dinero, aquellos a quienes se lo había encargado compraban a muchos, que regresaron a la ciudad y son, con los que hasta hoy han venido de otros lugares, más o menos mil, según hemos calculado[73]. Si se quisiera contar también a los turcos que habitan la ciudad, serían hasta dos mil[74].

Nos figurábamos que la ciudad recuperaría de nuevo su buen orden anterior y que florecería y se extendería la piedad como antes. Y tal vez hubiese sucedido, si no lo hubiese impedido de nuevo la multitud de errores nuestros y la maldad no hubiese tenido lugar[75]. Desde que la ciudad fue sometida, con documentos y de palabra Murad nos había donado generosamente todo a quienes regresamos liberados de la esclavitud —edificios, propiedades, sagradas iglesias, monasterios y los ingresos de sus propiedades—, proclamó la libertad para los que llegaban de todas partes y todos ocuparon sus casas e inmuebles. Todas las clases y razas de la ciudad empezaron a alcanzar un segundo auge y una renovación; se eligió un pastor para la ciudad; se formó una iglesia y se disfrutó del anterior orden; los monjes se hicieron cargo de los monasterios y se esforzaron en sus obras de beneficencia y todos vivíamos con es-

τῶν μονῶν ἐπελάβοντο καὶ διὰ σπουδῆς ἐποιοῦντο τὴν τούτων ἐπίδοσιν καὶ πάντες ἐλπίσι χρησταῖς ἐτρεφόμεθα καί, συντόμως εἰπεῖν, τῶν ἐκ τῆς ἁλώσεως ἡμῖν ἐπιόντων κακῶν τὴν μνήμην ἀπεβαλόμεθα καὶ χαίροντες ἦμεν, ἐφ' οἷς ἀδοκήτως ἐτύχομεν καὶ τὴν προτέραν ἀπολαβεῖν τὴν πόλιν εὐετηρίαν ἠλπίζομεν, τότ' ἐξ ἡμῶν, ἡ παροιμία φησίν, «ὁ ἱμὰς ἐξετέτμητο» καὶ εἰς τοὐναντίον τὰ τῶν ἐλπίδων περιετράπησαν.

(20) Καὶ δὴ τῇ Θεσσαλονίκῃ ἐπιδεδημηκὼς ὁ Μουράτης (δεύτερον, οἶμαι, τηνικαῦτα διίππευεν ἔτος μετὰ τὴν ἅλωσιν ἢ τρίτον) ἐφ' ᾧ ταύτην ἰδεῖν καὶ ἀκριβέστερον τὰ κατ' αὐτὴν ἱστορῆσαι καὶ τῶν ἀπ' αὐτῆς καλῶν ἀπολελαυκέναι καὶ δωρεαῖς μεγάλαις ἀντιφιλοτιμήσασθαι, τὸν ἐκείνου τε τῷ φιλοτίμῳ τῆς γνώμης μιμήσασθαι πρόγονον, Θεσσαλονίκης κἀκεῖνον κρατήσαντα καὶ χάρισι ταύτην πολλαῖς ἀμειψάμενον— οὕτως οὖν γνώμης ἔχων καὶ μετὰ τοιαύτης ἐλθών, ὁ δὲ μὴ οὐκ ἀγαθαῖς ὑπαχθεὶς συμβουλίαις μεταβουλεύεταί τε καὶ τὴν προτέραν μετατίθησι γνώμην καί, ἅ, καθ' ὃν ἑαλώκαμεν χρόνον, οὐ πέπραχε, κατ' ἐκεῖνο δὴ τοῦ καιροῦ παρώρμητο διαπράξασθαι.

Καὶ γοῦν ὡς τὴν πόλιν καὶ τὰ καθ' ἕκαστον ταύτης θεάσαιτο καὶ πάσης ἐν ταύτῃ ῥαστώνης ἐπαπολαύσειεν, ὡς τῶν αὐτῇ προσόντων καλῶν εἰς κόρον κατατρυφήσειεν, ἀγαπητικῶς τε οὐχ ἥκιστα ταύτῃ διατεθείη καὶ πᾶσιν ἡμῖν θαρρεῖν δοίη περὶ ἡμῶν τὰ βελτίω. Πρῶτον μὲν ψῆφον ἐξήνεγκεν, οἵαν οὐδ' ἐν ὀνείροις ἰδὼν οὐδείς ποτε προσεδόκησεν ἄν. Ἡ δ' ἦν πάσας μὲν ληφθῆναι μονὰς καὶ νεώς πάσας

peranzas propicias[76]. En pocas palabras, eliminamos el recuerdo de las desgracias que nos vinieron como consecuencia de la conquista, disfrutábamos de lo que obtuvimos inesperadamente y confiábamos en que la ciudad disfrutase de la prosperidad anterior. Entonces «la correa se rompió», dice la sentencia, y todas nuestras esperanzas se volvieron del revés.

(20) Murad se presentó en Tesalónica (corría en ese momento, creo, el segundo o tercer año tras la conquista) para verla y averiguar exactamente lo que sucedía en ella, disfrutar de sus bienes y rivalizar en regalos magníficos y emular en sensatez a su antepasado, que había gobernado Tesalónica y la había compensado con muchos privilegios[77]. Aunque tenía esa idea y llegó con ese propósito se retracta dejándose llevar por consejos no buenos y vuelve a su primera idea y lo que no hizo cuando nos conquistó se animó a llevarlo a cabo en aquel momento.

Y después de que contempló la ciudad y todo lo que hay en ella, disfrutó en ella de su ocio. Cuando se hubo deleitado hasta el hartazgo con los bienes que poseía, comportado no menos cordialmente con ella y nos hubo dado a todos nosotros confianza en que nos iría mejor, tomó en primer lugar una decisión que nadie esperaría ver ni en sueños: confiscar todos los monasterios e iglesias y quitarles todos sus ingresos y posesiones y abocarnos a nosotros a verdaderas estrecheces[78]. Lo cual se llevó a cabo no mucho después. Luego ordena in-

δὲ προσόδους αὐτῶν καὶ τὰ κτήματ' ἀφαιρεθῆναι καὶ εἰς στενὸν κομιδῇ τὰ ἡμέτερα καταντῆσαι, ὃ καὶ εἰς πέρας ἐκβέβηκεν οὐ μετ' οὐ πολύ. Ἔπειτα δὲ καὶ καταγραφῆναι πάσας οἰκίας καὶ εἴ τι προσῆν ἕτερον τῇ πόλει προστάττει, καὶ χωρὶς μὲν τὰ τῶν παρόντων, χωρὶς δὲ τὰ τῶν ἀπόντων ἀριθμηθῆναι. Βουλὴν γὰρ ἐνενόησεν ἢ ἐδέξατο τὰς μὲν τῶν παρόντων καταλιπεῖν ἔχειν τοὺς τούτων δεσπόσαντας, εἰ καὶ μὴ καθαρῶς οὕτως ἐξέβη, τὰ δέ γε τῶν ἀπόντων, ζώντων καὶ τεθνηκότων, τὰ μὲν τηρεῖσθαι τοῖς εἰσέπειτ' ἐλευσομένοις, τὰ δὲ Τούρκοις δοθῆναι τοῖς ἡρημένοις ἢ βιασθεῖσιν ἐνοικῆσαι τῇ πόλει, καθάπερ καὶ γέγονεν. Ἐπεὶ δὲ κατεγράφησαν μὲν μετὰ πολλῆς τῆς ἐπιμελείας ἅπαντα τὰ τῆς πόλεως, ἐνίων ἐκ τῶν ἡμετέρων πρὸς τοῦτ' ἐπιτηδείων ὀφθέντων, οἳ καὶ τουτ' ὤδινον ἐκ σκαιοτάτης, οἶμαι, γνώμης καὶ φθονερᾶς, ἠρίθμηντο δὲ μετὰ πολλῆς ἀκριβείας καὶ διασκέψεως καὶ διχῇ κατὰ τοὐπίταγμα διῃρέθησαν, τότε δὴ τὰς μὲν τῶν μονῶν, ὅσαι δὴ μείζους καὶ πρὸς κάλλος φαιδρότεραι, τοῖς οἰκείοις αὐτῷ καὶ οὖσιν ἐν ἀξιώμασιν ἐδωρήσατο, ὁμοίως δὲ καὶ τῶν οἰκιῶν, ὅσαι δὴ καλλίους ἦσαν τῶν ἄλλων εἴς τε κάλλος καὶ μέγεθος, μόνους ἡμῖν τοὺς τέσσαρας νεώς, οἳ καὶ καθολικοὶ λέγονται, καταλελοιπώς, πολλὴν τὴν σπουδὴν ὑπὲρ τούτων τοῦ ποιμένος εἰσενεγκόντος.

Τὰς δέ γε λοιπὰς ἁπάσας οἰκίας καὶ τοὺς νεὼς σχεδὸν πάντας διωρίσατο τοῖς τ' ἀπ' ἄλλων τόπων ἐθελήσασιν ἴσως τὴν πόλιν, ἀνθ' ἧς οἰκοῦσιν, ἑλέσθαι παρασχεθῆναι καὶ τοῖς ἀπὸ τῶν Γενητζῶν ἀπαναστάσι Τούρκοις. Τόπος δ' οὗτός ἐστι πεδιὰς ὅλος, ἡμέρας

ventariar todas las viviendas y cualquier otra propiedad que hubiese en la ciudad y hacer un listado de las de los presentes y otro aparte de las de los ausentes. Tomó o aceptó la decisión de dejar que las de los presentes las tuviesen quienes las poseían, aunque se demostró que no estaba tan claro. Las de los ausentes, vivos o muertos, unas guardarlas para los que viniesen luego, otras dárselas a los turcos que eligiesen o se viesen forzados a habitar en la ciudad, lo cual sucedió[79]. Cuando inventariaron con mucho cuidado todos los bienes de la ciudad, algunos de los nuestros que se mostraron aptos para esa labor (la soportaban, creo, con mucha fatalidad y envidia) estuvieron contándolas con gran precisión y afán y las dividieron en dos categorías según la orden. Entonces regaló las de los monasterios, mayores y más destacadas por su belleza, a sus parientes y a los que ocupaban cargos. También las casas, las que eran más hermosas que las demás en cuanto a belleza y tamaño, habiendo dejado solo para nosotros las cuatro iglesias que llamamos generales, porque el pastor puso mucho celo en ellas[80].

Todas las demás casas y casi todas las iglesias determinó entregárselas a los de otros lugares que prefiriesen tal vez vivir en la ciudad más que en aquella que habitaban y a los turcos que habían emigrado de Gianitsá[81]. Este lugar es todo llano, a un día de camino hacia el oeste de la ciudad. Bien por su idoneidad o bien por la diligencia de la autoridad que lo eligió para habitarlo desde el principio, tenía muchos habitantes turcos. Como en ese lugar estaba Murad durante el tiempo en

ὁδὸν ἀπὸ τοῦ κατὰ δύσιν μέρους ἀπέχων τῆς πόλεως, εἴτε τῇ τούτου ἐπιτηδειότητι εἴτε σπουδῇ τοῦ τοῦτον ἀρχῆθεν ἐκλεξαμένου πρὸς οἴκησιν πολλοὺς ἐσχηκὼς οἰκήτορας Τούρκους, ὃν δὴ τόπον καὶ οὐκ οἶδ' ὅπως ἐπὶ θέαν καὶ ζώων ἀγρίων θήραν ὁ Μουράτης ἐκεῖσε, καθ' ὃν καιρὸν ἐνεδήμει τῇ πόλει, γενόμενος, σχεδὸν τῶν ἐνοικούντων καθίστησιν ἔρημον, ἀπανίστασθαι τούτους τὸ τάχος κελεύσας καὶ μετοικεῖν εἰς Θεσσαλονίκην. Ὁ δὴ πρόσταγμα καὶ μετὰ σπουδῆς οἱ πρὸς αὐτὸ τεταγμένοι πεπληρωκότες ἐφάνησαν μηδὲν μελλήσαντες μετὰ τὴν τούτου ἀποδημίαν, πάντας δὲ τοὺς αὐτόθι Τούρκους, ἐκεῖσε γενόμενοι καὶ βίᾳ μᾶλλον ἢ πειθοῖ εἰς Θεσσαλονίκην ἀγηοχότες καὶ οἰκίας ἑτέρας, ἀνθ' ὧν εἶχον, παρεσχηκότες κατὰ τὸ πρόσταγμα. Ἄμφω γοῦν, οἶμαι, ταῦθ' ὁ Μουράτης ἐσκέψατο καὶ τοῦθ' οὕτω γενέσθαι προσέταξεν, ἵν' ἀσφάλειαν ἡ πόλις ἔχῃ καὶ φυλακὴν ἀκριβεστέραν ἐκ τούτου, παράλιος οὖσα καὶ διὰ τοῦτο δεομένη πολλῶν ἐνοικούντων καὶ ἵνα τὴν ἀγορὰν πλήθουσαν ἔχουσα τῶν ὠνίων ἁπάντων εἰς αὐτὴν εἰσκομιζομένων πάντας ἕλκῃ παρ' ἑαυτῇ, πραγματειῶν καὶ συναλλαγμάτων ἁπάντων μεταδιδοῦσα τοῖς χρήζουσι καὶ ἑαυτὴν ῥαδίως πλουτίζουσα.

(21) Τούτων οὖν οὕτω προβάντων καὶ τῶν Τούρκων εἰς χιλίους ἀριθμουμένων τὴν πόλιν κατειληφότων καὶ πάντων οἰκίας καὶ ναοὺς ἀντὶ οἰκιῶν εἰληφότων καὶ ἀναμεὶξ κατὰ πᾶσαν τὴν πόλιν λαχόντων τὴν οἴκησιν, ἡ πόλις ὥσπερ τινὰ πενθήρη χιτῶνα τὴν ἀκοσμίαν περιεβάλετο, τῆς εὐπρεπείας, ἧς ἂν ἔτυχε τῆς κακῆς

que vivía en la ciudad, no sé si por el panorama o por cazar animales salvajes, determina que esté casi desierto de habitantes, ordenándoles emigrar a toda prisa y trasladarse a Tesalónica. Aquellos a quienes se les encomendó cumplieron la orden con diligencia y pareció que no tardaron mucho después de su partida. En cuanto a todos los turcos que estaban allí, una vez que por fuerza más que por convicción llegaron a Tesalónica, recibieron, según la orden, otras casas en lugar de las que tenían. Estas dos cosas, creo, las pensó Murad y ordenó que así fuesen para que la ciudad estuviese más segura y por eso la vigilancia fuese más efectiva, al ser costera y por esa razón requerir muchos habitantes, y para que atrajese a todos, con un mercado abarrotado de productos de todo tipo que a él transportasen, haciendo a quienes lo quisieran partícipes de negocios y transacciones y enriqueciéndose ella cómodamente[82].

(21) Así fueron las cosas. Los turcos, mil contados, se establecieron en la ciudad y todos recibieron casas e iglesias transformadas en casas. Les tocó vivir dispersos por toda la ciudad. El desorden la envolvía como un traje de luto, desprovista de la dignidad que habría encontrado no dando cabida a un mal consejo. El ador

συμβουλῆς μὴ χώραν εὑρούσης, ἀφῃρημένη καὶ τὸν στολισμόν, ὃν οὐκ εἰς μακρὰν ἔσχεν ἄν, δυστυχῶς ἄγαν ἀποβαλοῦσα καὶ στένουσα, οἷον μετ᾽ οἰμωγῆς, ὅτι μὴ σεισμὸς ταύτην συνέχωσεν ἢ πῦρ παρανάλωσεν ἢ ὕδωρ ἀναδοθὲν ἢ νεφελόθεν ῥαγὲν συνεκάλυψε καὶ κατέκλυσε· τοῦτο γὰρ ἀνεκτότερον, ἐπεὶ τοί γε βέλτιον τοῦ τοιαύτην ὁρᾶσθαι τὸ μηδ᾽ ὁπωστοιοῦν ἐπὶ γῆς ἑστάναι.

Οἱ μὲν οὖν τῶν ἱερῶν οἴκων εἰς κοινὰ καταγώγια μετημείφθησαν, ὥσπερ εἰρήκειμεν, καὶ τὸ προφητικὸν εἰπεῖν, «ἐν πελέκει καὶ λαξευτηρίῳ τὰ θυσιαστήρια τοῦ θεοῦ καταβέβληντο», οἱ δὲ λείψανα μόνον τοῦ πρώτου κάλλους αὐτῶν καὶ τῆς θέσεως ἀποσῴζουσιν, ἔνιοι δέ, καὶ μᾶλλον οἱ πλείους, καταπεπτώκεσαν τέλειον, ὡς μηδὲ ποῦ ποτ᾽ ἦσαν γνωρίζεσθαι· διηρπάγησαν γὰρ αἱ τούτων ὗλαι καὶ κτίσμασιν ἄλλοις προσετέθησαν καινοτέροις καὶ μάλιστά γε τῷ νῦν ἐπὶ μέσης τῆς πόλεως ὁρωμένῳ καὶ κοινῷ βαλανείῳ. Καὶ μονονουχὶ τῶν γηραιοτέρων ἔξεστιν ἀκούειν ἀνδρῶν ὡς ὧδε μὲν ἦν ὁ νεὼς ὁ δεῖνα, ἐκεῖ δὲ ὁ δεῖνα καὶ ὅσα προσῆν ἑκάστῳ καὶ κάλλη καὶ χάριτες.

Καὶ τοῦτο μὲν οἱ κατὰ πᾶσαν τὴν πόλιν νεῴ, μοναὶ δ᾽, ἃς πρότερον φθάσας ὁ λόγος ἐδήλωσεν, ἀφορμὴ τοῖς ὁρῶσιν ἵστανται πένθους, μὴ ὅτι γε μοναχῶν ἔρημοι καταστᾶσαι κακῶς ἐξελαθέντων καὶ πρὸς ἑτέρας πόλεις μετοικησάντων, ἀλλὰ καὶ προσαφῃρημέναι τὴν διὰ πάντων λαμπρότητα· αἵ τε γὰρ μάρμαροι τούτων ἐξηδαφίσθησαν, ἥ τ᾽ ἄλλη ἅπασα ὕλη, ἡ πρὸς ἀπαρτισμὸν αὐτῶν ἀρχῆθεν συντεθειμένη καὶ κάλλος,

no que había tenido no mucho tiempo, por desgracia lo perdió bastante, gimiendo como con un lamento porque no hubiese demolido la ciudad un terremoto o no hubiese sido víctima del fuego o la hubiese cubierto o inundado agua brotada de la tierra o de una nube que rompe. Eso habría sido más soportable, puesto que mejor que verla así es que no estuviese sobre la faz de la tierra.

Como hemos dicho, unos transformaron los edificios sagrados en hostales públicos y quebraron los altares de Dios con hacha y cincel, según dice el profeta[83]. Otros solo reliquias de su prístina belleza y posición conservan. Algunos, la mayoría más bien, finalmente se han derrumbado, hasta el punto de no saberse dónde estaban. Pues todos sus materiales fueron robados y se añadieron a otros edificios nuevos, especialmente en el baño público que se ve en el centro de la ciudad[84]. Solamente a los más ancianos puede oírse que aquí estaba tal iglesia, o allí tal otra, y cuántas bellezas y atractivos poseía cada una.

Y eso los templos por toda la ciudad. Los monasterios, a los que se ha referido el relato antes, son causa de dolor para quienes los ven, no porque estén vacíos de monjes a los que han expulsado para que se establezcan en malas condiciones y se ha trasladado a otras ciudades, sino porque se les ha privado de todo su esplendor. Unos fueron despojados de los mármoles del suelo y cualquier otro material ensamblado desde el principio para que todo se ajuste de forma bella. Se

εἰς διαρπαγὴν τοῖς βουλομένοις ἀνεῖτο καὶ νῦν ἄκοσμόν τι θέαμα πᾶσιν ὁρῶνται καὶ τὰς ἁπάντων ψυχὰς κινοῦσι πρὸς δάκρυα.

Πολλοὶ μὲν οὖν εἵλοντ᾽ ἂν ἀντὶ τῆς ἐνεγκαμένης τὴν πόλιν καὶ πλήρης μὲν ἂν ἦν εὐσεβῶν ἤδη, πλήρης δὲ μοναχῶν, γέμουσα δὲ θυμηδείας καὶ τέρψεως τῷ χριστωνύμῳ πρεπούσης πληρώματι, εἰ μὴ τοιαύτη κατ᾽ αὐτῆς ἀπόφασις ἀπευκταία ἐξήνεκτο καὶ τὰ κατ᾽ αὐτὴν οὕτω προὐχώρησε. Νυνὶ δὲ μὴ ὅτι γε πόθον οἳ ταύτην ἐκ μακροῦ καταλαβεῖν εἶχον μετάμελον ἔσχον τῆς προθυμίας, ἀλλὰ καὶ ἡμῖν τῆς εἰς τὴν πόλιν ἐλεύσεως μεταμέλει, τῆς ἐλπίδος σαφῶς διημαρτηκόσι· πάντα γὰρ ἄνω καὶ κάτω γεγόνασι, τὸ τοῦ λόγου, καὶ ἡ πόλις ὥσπερ τις ναῦς ἐν πελάγει περισχεθεῖσα κακῶν περιφέρεται, δίκην ἀνέμων τῶν καθ᾽ ἑκάστην εἰπεῖν συμπιπτόντων ταραττόντων αὐτὴν καὶ ναυτίας πολλῆς καὶ ἰλίγγου πληρούντων καὶ καθαρᾶς εὐδίας ἐπιτυχεῖν οὔκουν ἐώντων, οὐδὲ τὸ τῆς εἰρήνης καὶ νηνεμίας ἱστίον πετάσασαν πρὸς λιμένα καλῶν ἐφθακέναι στῆναί τε ἐπ᾽ ἀγκυρῶν ἀσφαλείας καὶ μένειν ἀσάλευτον.

Θεοῦ δὲ ἄρα τοῦτ᾽ ἂν εἴη καὶ τῆς ἐκείνου σαφῶς ποδαλιουχίας, καταπραῦναι μὲν τὰ τῶν ἐπερχομένων κορυφούμενα κύματα, ἰθῦναι δὲ πρὸς γαλήνην καὶ σωτηρίαν χαρίσασθαι καὶ δοῦναι πρύμναν κρούσασθαι τοῦ λοιποῦ καὶ «πλεῦσαι δεύτερον, ὅ φασι, πλοῦν», μεταβεβλημένων ἁπάντων ἐπὶ τὸ βέλτιον καὶ ὃ συνοίσει τῇ πόλει, μεσιτεύσαντος τοῦ ἡμεδαποῦ Τροπαιούχου καὶ Μάρτυρος καὶ τῶν τῆς πατρίδος οἰάκων αὖθις εἰπεῖν ἐπιλαβομένου καὶ πρὸς τὴν τοσαύτην τῶν συμφορῶν

permitía que saquease quien quisiera y ahora muestran a todos un triste espectáculo y a las almas de todos mueven al llanto.

Muchos preferirían la ciudad a su propia madre patria. Ahora estaría llena de personas piadosas, llena de monjes, rebosante de regocijo, del encanto que le corresponde por su comunidad cristiana, si Murad no hubiese tomado esa abominable decisión y las cosas no hubiesen llegado hasta aquí. Pero ahora no es solo que quienes deseaban de hace tiempo ocuparla se arrepintiesen de su celo, sino que también nosotros nos arrepentimos de haber venido a ella, porque claramente erramos en nuestras esperanzas. No dejaron piedra sin remover, según dice el refrán. La ciudad es zarandeada en el piélago como una nave rodeada de desgracias, agitada cada día por los vientos, que, digamos, soplan de todos lados, que la llenan de náuseas y vértigo y no la dejan alcanzar la bonanza ni llegar a buen puerto desplegando la vela de la paz ni la de la calma ni echar ancla de seguridad y permanecer estable[85].

Sería cosa de Dios y de su segura gobernanza mitigar las hinchadas olas de lo que viene, conducirnos a la calma, obsequiarnos con la salvación y a continuación volver la proa y en adelante emprender, según dicen, un segundo periplo, cambiando todo para mejor y para provecho de la ciudad, intercediendo el triunfador mártir de nuestra tierra, que coja de nuevo el timón de la tierra natal, por así decir, y se sirva de su fuerza en ese inmenso mar de desgracias. Con la mirada propicia de

θάλασσαν τῇ ἑαυτοῦ χρησαμένου δυνάμει. Γένοιτο δὲ μὴ οὐκ εἰς μακράν, ἵλεῳ τοῦ Θεοῦ ἐπιβλέψαντος ὄμματι καὶ φιλανθρωπευσαμένου συνήθως, ἐφ' οἷς αὐτὸν παροργίζομεν.

(22) Ταῦτα ἐς δεῦρο παρηκολούθηκεν, εἰ καί τινα τούτων ἡμεῖς ἑκόντες διὰ τὸν καιρὸν καὶ τὴν ἡμετέραν περὶ τὸ λέγειν ἀσθένειαν παραλιπεῖν δέον κεκρίκαμεν. Κἀπειδήπερ οὐκ εἴχομεν τὴν σὴν ἀξίωσιν διακρούσασθαι καὶ ἀνηκοΐας γραφὴν ἀπενέγκασθαι, καθὼς ἡμῖν ἐξῆν, ἑαυτοὺς τῇ παρούσῃ δεδώκαμεν διηγήσει· τοῦτο γὰρ κἂν ταῖς ἀρχαῖς ὑπισχνούμεθα, μηδὲν πλέον τῆς ἡμετέρας δυνάμεως ἐπιδείξασθαι. Ὅθεν, εἰ μὲν ἄξιόν τι τῆς τε σῆς ἐπιθυμίας καὶ τῆς ὑποθέσεως φανῶμεν ἐργάσασθαι, σὸν ἂν εἴη τοῦτο καὶ τῶν σῶν ὑπὲρ ἡμῶν προσευχῶν. Εἰ δ' αὖθις ἀτυχεῖς κατὰ πάντα δόξαιμεν, ὃ πᾶσα παθεῖν ἀνάγκη, ὁποία τις ἂν ἀμοιβὴ καὶ πάλιν ἡμῖν ἀντιδοθείη, δίκαιον ἂν εἴη καὶ σὲ ταύτης μετεσχηκέναι, ἡμᾶς ἀμαθεῖς ὄντας, παρακαλέσαντα πρὸς ἔργον τοσοῦτον διὰ τὸ ἡμᾶς εἶναί τι νομίσαι, μηδὲν ὄντας καὶ τοῦτο πανταχοῦ διατεινομένους. Ἐγὼ δ' εἰς ἀμοιβὴν τὰς σὰς λιτὰς ἀντιδοθῆναί μοι θερμῶς ἐξαιτοῦμαι, τιμιώτατε πάτερ· πολλὰ γὰρ ἐμαυτῷ συνεγνωκὼς πταίσματα, τῆς ἀπὸ τῶν σῶν λιτῶν δέομαι βοηθείας εἰς τὴν τούτων ἀπόνιψιν.

Dios que nos supervisa y es compasivo habitualmente con quienes lo exasperamos, que no se dilate mucho ese momento.

(22) Eso ha sucedido hasta ahora, si bien hemos considerado necesario omitir voluntariamente algunas cosas por falta de tiempo y por nuestra incapacidad para contarlas. Puesto que no podemos rechazar tu demanda y evitar la acusación de desobediencia, nos hemos entregado a este relato, en la medida de nuestra competencia[86]. Eso prometimos al principio: no hacer alarde de nada que supere nuestra capacidad. De ahí que, si al parecer hacemos algo digno de tu voluntad y del asunto, sería logro tuyo y de tus súplicas hacia nosotros. Si, en cambio, parece que fracasamos del todo, lo cual es totalmente necesario que pase, sería justo que tu participases en cualquier castigo que se nos imponga a cambio: a pesar de nuestra ignorancia, nos pediste una tarea tan grande considerando que somos algo no siendo nada y nos esforzamos totalmente en ello. Yo reclamo fervientemente como recompensa que me resarzas con tus súplicas, padre carísimo. Solicito el auxilio de tus súplicas para lavar los errores que he confesado.

Notas a la traducción

[1] Una parte de la crítica considera que el título fue añadido posteriormente (Moniou, 2006: 102; Melville-Jones, 2006: 146-147). Melville-Jones lanza la hipótesis de que se agregó como respuesta a una invitación de una persona importante, a juzgar por el título que se le concede en el colofón de la obra (τιμιώτατε πάτερ), que, de no ser una licencia retórica, se aplicaría a un clérigo de rango, sin que, no obstante, se pueda precisar más.

[2] Nada se sabe del destinatario. Tal vez, siguiendo la tradición retórica bizantina, se recurra a una *causa scribendi* y se trate de un destinatario ficticio (Melville-Jones, 2006: 146-147; Moniou, 2006: 102; Koustourizou, 2016: 4). Pero no hay argumento alguno para sospecharlo (Odorico, 2005: 257). Dando un paso más allá, algunos aceptan que es un personaje real de importancia (emperador, patriarca, arzobispo), de lo cual también hay testimonios. En la nota anterior ya se sugiere que podría ser un clérigo. No obstante, hay precedentes en la tradición directa de saqueos de la ciudad: Juan Cameniata destina su obra a cierto Gregorio de Capadocia real (Merino, 2016: 1-2).

[3] La composición se ajusta al patrón retórico de un exordio más o menos extenso en el que no faltan la *laudatio* ni el *topos humilitatis*, con los que se pretende solamente ganar la simpatía del lector desde el principio, puesto que el propio exordio es un alarde de habilidad técnica. Anagnosta reconoce que pretende mostrar

en la obra «talento literario» y «agudeza intelectual» (δύναμις λόγου y διάνοιας ὀξύτητα). Es un recurso habitual que tiene precedentes, entre otros, por ejemplo en el propio Juan Cameniata (Merino, 2016: 1 y 2) y que en esta obra funciona como motivo recurrente que la inicia y la clausura (cf. 22).

[4] «...para no ultrajar ni rebajar con mi discurso la notoriedad de los hechos solicitados por ti» (Merino, 2016: 1).

[5] Principio historiográfico que justifica la elaboración de relatos testimoniales como el presente. Este género cuenta con tradición previa local (los milagros de san Demetrio y las otras dos tomas de la ciudad contadas respectivamente por Cameniata y Eustacio). Su cultivo se acentuó en una época declinante como la que corresponde a esta obra o, por ejemplo, a la contemporánea *Crónica breve de la caída de Constantinopla*, de Jorge Esfrantzes.

[6] Tesalónica era la segunda ciudad del Imperio, tras la capital, Constantinopla. Hay una tradición de encomios de la ciudad (Tafrali, 1913: 149-169; Kaltsogianne, 2002: 74). Sin embargo, es probable que Anagnosta se refiera más concretamente a Juan Cameniata (Melville-Jones, 2006: 147), que dedica parte de su obra a elogiar la ciudad: Merino, 2016: 3-11.

[7] La principal fuente de información sobre el septenio de regencia veneciana (1423-1430) es el *Relato histórico* del arzobispo Simeón de Tesalónica (Balfour ,1979). Cf. Tsaras, 1977.

8   Mertzios (2005: 46-61 y 72-87) ofrece testimonios de embajadas de ciudadanos tesalonicenses ante la Señoría de Venecia.

9   En el capítulo 8 de esta misma obra el sultán envía heraldos a la ciudad para negociar sobre su rendición o su destrucción. Por otra parte, respecto a las discrepancias entre la población, se temía que una parte entregase la ciudad a los otomanos y las autoridades venecianas enviaron al destierro a miembros de las principales familias con la excusa de la escasez de provisiones y maltrataron a quienes se quedaron (Ducas, XXIX 4).

10   Anagnosta muestra respeto por el arzobispo Simeón (el 'buen pastor'), pese a las acusaciones que se vertían contra él, según el propio arzobispo cuenta en su *Relato histórico* (Simeón, *Rel.* 8, 1 1; Melville-Jones, 2006: 151). Las circunstancias adversas de las que habla las enumera Simeón: el asedio y las incursiones diarias de los otomanos, saqueos y persecuciones, cautiverios, matanzas, robos y destrucción (Balfour, 8, 1). Simeón, arzobispo de Tesalónica entre 1416 y 1429, se opuso a la venta de la ciudad a venecianos u otomanos (Balfour, 8, 1). El Primer Pastor es, por supuesto, Jesús.

11   El sueño es un recurso literario que se utiliza para presagiar acontecimientos y una manifestación de la Divina Providencia y su capacidad para influir en los acontecimientos históricos. Pero también denota la condición excepcional del personaje. Aunque estos prodigios siguen el modelo literario de las profecías ve-

terotestamentarias de Isaías y Ezequiel, directamente relacionadas con asedios y desastres (Tsiaples, 2014: 283), los relatos oníricos tienen cierta relevancia en obras históricas, como esta, de época bizantina tardía, sobre todo cuando son escenas realistas que favorecen la variedad narrativa. En la propia tradición tesalonicense de milagros de san Demetrio se encuentran precedentes de sueños premonitorios relacionados con peligros inminentes para la ciudad y con la intervención protectora del santo patrón (Tsiaples, 2014: 62 y 66). El arzobispo participa de la experiencia onírica/visionaria que presagia la caída de la ciudad por los especiales vínculos que lo unen a ella. El suceso asombroso expresa la angustia ante el peligro futuro que afronta la ciudad, del que debe salir fortalecida en torno al personaje visionario (Tsiaples, 2014: 288). *La Crónica breve* de Jorge Esfrantzes ofrece dos ejemplos: el sueño visionario de la monja Tomaida acerca del cautiverio del autor (XVIII 7) y el del propio protagonista (XIX 1-2).

[12]   Sabiduría de Salomón 2, 15, 1; Jeremías 3, 17.

[13]   Este pasaje de difícil interpretación tal vez haga referencia a una iniciativa ajena al emperador y contraria a la voluntad del arzobispo por la que un sector de la población envió una embajada al sultán que convirtió en papel mojado los acuerdos que este estaba negociando con el emperador: «Entonces nuestra desgracia se acrecentó aún más. Pues al tiempo que fueron enviados al emir unos mensajeros de Tesalónica –cosa que no hacía falta–, sin contar con el emperador

y cuando resulta que yo estaba disgustado y aconsejaba no hacer nada sin la opinión del emperador y no se aceptaban de ninguna manera mis argumentos, lo cual fue la causa más importante del terrible peligro hacia el que se dirigía Tesalónica, entonces se dejaron sin efecto unos acuerdos imperiales, que estaban listos, con los bárbaros» (Simeón, *Rel.* 8 2).

[14]   En aquel momento el arzobispo era precisamente Simeón, que murió unos seis meses antes de la caída de la ciudad en manos de los otomanos. Había nacido en Constantinopla hacia 1370.

[15]   Latinos es término genérico para los occidentales, aquí los venecianos. Los judíos eran el grupo minoritario más antiguo con presencia continua en la ciudad. Además de credo propio, vivían con arreglo a una jurisdicción civil propia y con impuestos especiales, con costumbres particulares y calendario propio. Aunque hablaban griego, el hebreo era el vehículo de expresión de la identidad colectiva y el medio de comunicación con los judíos de más allá de las fronteras del Imperio (Jacoby, 2004: 123 y 131). En otras regiones, como el Peloponeso por ejemplo, se constata presencia de población hebrea desde finales del siglo X, cuando, con el propósito de cristianizar a la población eslava, las tropas de Nicón arrasan la sinagoga de Esparta y la mayoría de los judíos se refugian en el Taigeto. Además, hay referencias a comunidades judías en Corinto y Patras, conectadas con la actividad comercial de esas ciudades portuarias, y, ya en el siglo XIII, también en

Andravida, Metone, Mistras (en el barrio denominado Tripe), Esparta y otras regiones de Lacedemonia. Las únicas fuentes son las exiguas referencias del diálogo *Mázaris* (22), de la *Vida de san Nicón* y de la *Crónica breve de la caída de Constantinopla* de Esfrantzes (XV 1, XVII 7 y 8, XXVII 1).

[16] Simeón pinta unos «gobernantes negligentes y discrepantes entre sí» (Simeón, *Rel.* 10, 3). En 1422 la ciudad había sufrido el asedio permanente de las fuerzas otomanas. Tal como Simeón presenta la historia, en ella había diferentes grupos que estaban en desacuerdo. Quizá las discrepancias tuviesen su causa precisamente en esa situación, pero el paisaje que describe el arzobispo es de enfrentamiento civil: «...maldades de unos contra otros por envidia y odio (la más terrible desgracia); de ahí los ultrajes, las disensiones y la furia mutuas, de los cuales qué otras desgracias no surgieron. Los de aquí sospechaban unos de otros, se atacaban y tramaban maldades unos contra otros. Los que están al frente del pueblo, contra los emperadores y estos, a su vez, contra los ciudadanos» (Simeón, *Rel.* 7, 1). El propio Anagnosta habla de «discrepancia de opiniones» (2), y de comportamientos miserables por parte de «todos los habitantes de la ciudad» (4).

[17] Murad II gobernó entre 1421 y 1451 (en dos períodos: de 1421 a 1444 y de 1446 a 1451). Tal como aquí se relata, en marzo de 1430 el sultán reunió tropas (en una proporción de cien a uno, según Ducas, XXIX 5) a las afueras de la ciudad, que, tras un breve asedio,

cayó el 29 de marzo. Tesalónica, uno de los puertos más importantes del Mediterráneo, era, a ojos de Murad, suya porque anteriormente había estado bajo control otomano (Mazower, 2009: 43-44; cf. nota 19). El propio Murad afirma que la ciudad les pertenece a los otomanos desde que su abuelo Bayaceto se la arrebató a los romanos en 1387 (Ducas, XXIX 4).

[18]   El autor, y también otros autores posteriores como Esfrantzes, utiliza el término griego antiguo (τριήρης, trirreme) probablemente por un cierto prurito literario de la época favorable al uso de un griego clasicista, especialmente en toponimia y terminología naval (Merino, 2025).

[19]   Se refiere probablemente a las constantes guerras y a la inseguridad permanente de la época. En 1387 los otomanos habían tomado la ciudad y la tuvieron hasta 1403, año en que volvió a ser bizantina hasta que fue vendida a los venecianos en 1423. Siete años después Tesalónica fue tomada definitivamente por los otomanos.

[20]   Se desconoce la ubicación del mercado. Tsaras lo sitúa en la zona del ágora antigua y sus inmediaciones (Tsaras, 1958: 80; Tsaras, 1985: 70). Según Anagnosta, estaba lejos de la muralla, porque a los defensores les resultaba difícil abandonarla para abastecerse de provisiones. Es posible que estos establecimientos comerciales ocupasen la parte baja de la ciudad, al este del puerto y al sur de la Vía Egnatia, zona comercial desde la época de dominación otomana hasta hoy día (Raptes, 2017: 119).

[21] San Demetrio, patrón y protector de la ciudad, mártir de principios del siglo IV con culto panbalcánico. En el siglo V se construyó en Tesalónica el primer templo dedicado a él para albergar sus restos. La advocación de Miroblita se debe a que, según la tradición, sus reliquias exudaban un perfume milagroso de propiedades curativas. Las investigaciones arqueológicas han sacado a la luz restos de la tubería de bronce por la que fluía el aceite sagrado (Lemerle, 1953: 349–61; Frendo, 1997: 205-224; Mentsos, 1994; Skedros, 1999; cf. Merino, 2016: 3).

[22] Población situada al nordeste, a unos veinte kilómetros de Tesalónica, al otro lado del monte Cortaíta, junto al lago Coronea (cf. Merino, 2016: 5, donde se hace una descripción de la región).

[23] Las referencias a catástrofes naturales son frecuentes en las crónicas bizantinas. Vid. por ejemplo, Esfrantzes 2022: XXVIII 6; XLVI 2; Pseudo-Esfrantzes I.5.176; IV.7.516; IV.12.520. *La Crónica* de Esfrantzes no es propiamente bizantina, pero es interesante en la medida en que compendia materiales procedentes de obras anteriores que sí lo son. Se consideraba que los terremotos eran manifestación de la ira divina (Tsiaples, 2014: 70-71).

[24] Siguiendo los preceptos del Islam, antes de conquistar una ciudad, los otomanos ofrecían tres veces a sus adversarios la posibilidad de entregarse a cambio de disfrutar de algunos privilegios (Ámantos, 1939:

119-120). Los emisarios solían ser cristianos de las tropas auxiliares de su ejército (Odorico, 2005: 265). En esta ocasión Murad II ofrece a los tesalonicenses «libertad y otros honores» que Anagnosta no concreta (8).

[25]   Las tres lagunas textuales (esta y las dos del capítulo 8) no pueden ser subsanadas por las condiciones en que se encuentra el códice en esos pasajes, que ya impidieron la primera lectura de León Alacio.

[26]   El autor parece sugerir que había discrepancias entre los atacantes.

[27]   La imagen del enjambre de abejas es utilizada también por Ducas (XXIX 5)

[28]   Los *tzetarios* eran mercenarios de origen balcánico (Melville-Jones, 2006: 157). La palabra eslava *tseta* designa al batallón (Tsaras, 1985: 71). Si es acertada la nota de Tsaras, un documento de la Señoría de Venecia fechado el 14 de julio de 1429 habla de la existencia de un cuerpo policial cuya función era garantizar la seguridad de la ciudad: «individuos de baja condición» (ἄτομα κατωτάτης ὑποστάθμης, Mertzios, 2005: 75).

[29]   Formaban ese ejército 190.000 soldados aproximadamente, según un documento que data su llegada el domingo 26 de marzo a la una y confirma el miedo que provocó en la población (Mertzios, 2007: 90). Esa misma fuente confirma también que el ataque no cesó ni de día ni de noche. El trueno artificial de la piedra parece designar al cañón (Melville-Jones, 2006: 157), sin embargo la imagen del «trueno de piedras» ya había

sido utilizada en *El saco de Tesalónica* (Merino, 2016: 29).

[30]   El arzobispo Simeón, a quien parece aludir, había muerto medio año antes del ataque otomano.

[31]   Un sector de la población tesalonicense hacía al arzobispo Simeón responsable de la situación y le reprochaba no haber intervenido más, en la medida en que, como afirma a continuación, hay que aceptar las autoridades «como propuestas por Dios». En las líneas siguientes, Anagnosta defiende al arzobispo, quien había partido el 8 de junio de 1422 para el Monte Atos, seis días antes del primer ataque otomano, con la excusa de solicitar ayuda, aunque el propio arzobispo parece sugerir que lo hizo para salvar la vida: «Si hubiésemos estado fuera del Monte, habríamos sido entregados a manos de bárbaros» (Simeón, *Rel.* 7 2). Por otra parte, la idea de la traición ha pervivido en la leyenda que cuenta que los monjes de Blatadon (monasterio próximo al Trigonio, zona de la muralla por donde, según Anagnosta, penetró en la ciudad el ejército de los otomanos) descubrieron al sultán Murad que podía tomar la ciudad si cortaba el suministro de agua del canal próximo al cenobio (Sathas, 1872: I 257; Tsaras, 1985: 71-72). Calcondilas y la *Crónica de los sultanes turcos* (Zoras, 1958; Tsaras, 1958: XXVI; Tsaras, 1985: 113 y 115; Vryonis, 1986: 309) son quienes hacen referencia por primera vez a una posible traición, que hoy es rechazada (Sansaridou, 2013: 29-30). La posible causa de esta tradición reside en la decisión de las autoridades

venecianas de desterrar a los tesalonicenses díscolos (Ducas, XXIX 4).

[32]   El arzobispo afirma en su relato que se oponía tanto a la ocupación veneciana como a la otomana: «que [yo] hablaba y aconsejaba incesantemente que era de interés permanecer siempre con los nuestros, aguantar, perseverar y confiar en Dios» (Simeón, *Rel.* 7 4). Tal postura es interpretada por los partidarios de Simeón –Anagnosta entre ellos– como manifestación de la no injerencia de la Iglesia en política, aunque, más bien, era reflejo de los conflictos internos de la ciudad. Sin embargo, un documento veneciano de 29 de julio de 1429 premia al arzobispo de Tesalónica por su fidelidad (ὅστις εἶναι λίαν ἀφωσιωμένος εἰς ἡμᾶς/*qui est fidelissimus noster*, Mertzios, 205: 87; cf. Dennis, 2004: 261).

[33]   Simeón solía viajar periódicamente a Constantinopla. Su último viaje, justo antes de que comenzase el asalto de 1422 a la ciudad, aunque se frustró, es, al menos como excusa, una muestra del reconocimiento tácito de la autoridad imperial, que el arzobispo acata obediente: «Pero me lo impiden unas cartas del déspota que ama a Cristo y las palabras de los del Monte, que declaraban por unanimidad que era mandamiento divino que yo regresara a la ciudad en la que había sido elegido y sufriese con sus habitantes. Por tanto, persuadido por ellos decidí que no era bueno para mí cumplir mi voluntad espontáneamente y regresé» (Simeón, *Rel.* 7 3).

[34]   Véase nota 24.

35   Los tzetarios.

36   Por delante de la muralla principal había un antemuro exterior cuyos restos aún son visibles en el lienzo oriental. Aparece citado al menos desde Cameniata. En ese espacio intermedio es donde penetran los otomanos.

37   El término σκευή es genérico y designa una herramienta novedosa entonces para los tesalonicenses: el cañón (Tsaras, 1958: 80). Otras referencias posteriores en Pseudo-Esfrantzes, 384-389, 396-398, 429 y Ducas, XXXVII 1-3.

38   Se prepara, pues, un ataque conjunto por tierra y por mar.

39   También Calcondilas cuenta que la guarnición veneciana abandonó sus posiciones en cuanto tuvo noticia de que la ciudad estaba a punto de ser tomada (Tsaras, 1985: 114).

40   El 27 de junio de 1429 el senado veneciano aprobó el envío de una embarcación con armas y municiones para defender Eubea y Tesalónica: "*cum sit omnino necessarium mittere Nigropontem et Salonichum multas fantarias et alias muntiones necessarias pro bona custodia et conservatione dictorum locorum nostrorum… una'galea grossa*" (Sathas, 1880: III 322).

41   La misma zona por la que habían entrado los otomanos el 31 de julio de 904 (Merino, 2016: 40) y el ejército normando siciliano en agosto de 1185 (Eustacio, 1988: 75, 85, 86 y 98).

[42] Calcondilas (Tsaras, 1985: 113) corrobora que el ataque turco se produjo por esta parte de la muralla. Simeón también hace referencia al metoquio del monasterio de Cortaíta (Simeón, *Rel.* 12, 4; Iviron, II, 52 (1104), l. 384, Iviron, III, 76 (±1320); Melville-Jones, 2006: 161; Janin, 1975: 415-416; Tafrali, 1913: 81; Bakalopoulos, 1939: 280-287). Los estudiosos –excepto Mpakirtzes, 2003: 62-63– ubican este monasterio en zonas próximas al Heptapirgio, ya sea en el ángulo suroriental de la ciudad (Tsaras, 1975: 74) o al norte de la acrópolis (Odorico, 2005: 272).

[43] Ducas transmite la indefensión en que se encontraba la ciudad ante un ejército de la magnitud del de Murad, aunque de manera literaria: «¿Qué podrían haber hecho quinientos, mil o dos mil hombres en una ciudad tan grande? Había un solo ballestero por cada diez almenas» (XXIX 5).

[44] En aquella época el general de Occidente, Rumelia, el territorio otomano de Europa, era Sinán Pachá (Esfrantzes, XXI 7 y Pseudo-Esfrantzes, 300).

[45] «…sin sentir en absoluto que tenían cuerpos, derrotados por la fatiga y quemados por el sol que ardía sobre sus cabezas» (Merino, 2016: 29).

[46] «…para no permitir que ningunos de los de dentro se asomase sin correr peligro por la intensidad de los dardos» (Merino, 2016: 30).

[47] Metáfora semejante a las utilizadas por Cameniata: granizo o truenos de piedras (Merino, 2016: 29).

[48]   La ciudad fue conquistada el 29 de marzo de 1430, como confirman otras fuentes (Melville-Jones, 2006: 164).

[49]   Torre del ángulo suroriental de la muralla, denominada también 'Torre de las Cadenas' (Τζιντζιρλί Κουλέ). Tafrali explica que, tras la conquista de la ciudad por los otomanos, fue sustituida por la torre circular actual (Tafrali, 1876: 80-81).

[50]   La audacia de un soldado que sube a la muralla y cuya brutalidad y crueldad provocan estupor a los tesalonicenses es también factor determinante de la conquista de la ciudad por la flota de León de Trípoli en época abasí (Merino, 2016: 34).

[51]   1430.

[52]   Fortificación situada cerca del puerto, junto a la muralla, en las inmediaciones de la actual plaza de la Libertad (Kekhimoglou, 2001: 149; Gkala-Georgilá, 2020: 31-33). Durante años hizo funciones de arsenal, tal como señala en este pasaje Anagnosta, y allí residió hasta finales de la turcocracia (aunque ya no en el edificio de la torre) la comandancia militar (Tsaras, 1982: 64-75). La razón por la que acuden a ella parece ser, por lo que afirma nuestro autor, su inexpugnabilidad (Tsaras, 1982: 67-68).

[53]   Así (Tzerémbulo) se denominaba al dique del puerto bizantino, que se encontraba en el ángulo occidental de la ciudad; Gkala-Georgilá, 2020: 31-33). Fue construido como continuación y ampliación de la forti-

ficación romana (Marke, 2013: 174-175). A principios del siglo X Cameniata afirma que los sarracenos llevaron a los cautivos tesalonicenses a una zona del puerto en la que, atormentados por la sed, bebieron de una corriente próxima de aguas residuales que vertían al puerto junto a ese dique (Merino, 2016: 57). En el último tercio del siglo XII el arzobispo Eustacio identifica el Tzerémbulo con una alcantarilla subterránea que 'baja' al mar y explica que su nombre procede de las palabras σύριγξ y ἔμβολος (Koukoulés, 1950: 385; Leivadiote, 2009: 50), aunque hay otras hipótesis (Theocharides, 1975: 386; Leivadiote, 2009: 50-51). Un resumen de las hipótesis sobre las referencias literarias y la ubicación del Tzerémbulo puede encontrarse en Leivadiote, 2009: 49-55.

[54]   «Hombres y mujeres, jóvenes y doncellas, adolescentes y niños, maniatados eran arrastrados en hileras detrás de cada jinete» (Ducas, XXIX 5).

[55]   *Il*. I, 4-5.

[56]   El caos y el desconcierto que transmiten estas escenas de Anagnosta (los otomanos separando a los miembros de la misma familia o decapitando a sus víctimas en escenas truculentas) recuerdan el patetismo de Cameniata (Merino, 2016: 40, 45 y 71-72).

[57]   Con todas las cautelas que hay que tener cuando se hace referencia a cifras y solamente para hacernos una idea de la evolución demográfica, en 904 Cameniata cifra en 22000 los prisioneros de León de Trípoli, contando solamente los jóvenes (Merino, 2016: 73).

[58] «Si había entre ellas alguna doncella que aún no había salido de casa, sino que la guardaban a seguro para la boda y la habían educado en el decoro absoluto, despojándose del pudor de ser vista y sin pensar, por miedo, que resultaba que era mujer, atravesaba por medio del mercado, haciendo partícipes a las demás mujeres de su lamento dando terribles alaridos» (Merino, 2016: 38).

[59] «...respetables doncellas en brazos de crápulas, nobles damas en manos de innobles» (Ducas, XXIX 5).

[60] «Palacios saqueados, templos arrasados, los ornamentos de las iglesias, las sagradas reliquias en manos de los infieles...» (Ducas, XXIX 5).

[61] Se refiere probablemente al de la ocupación veneciana (Odorico, 2005: 279).

[62] Referencia a san Demetrio.

[63] Ducas dice de la iglesia de san Demetrio: «Pese a todo, los turcos arrancaron todos los ornamentos de la tumba, de la iglesia y del santuario dejando solo las paredes desnudas» (Ducas, XXIX 5).

[64] Hay antecedentes del saqueo en el ataque normando, según cuenta Eustacio: «con hachas... arrancaron los adornos de plata que abundaban por todas partes, despedazaron la corona de oro que ceñía su cabeza y hasta le quitaron uno de los pies...» (Eustacio 1988: 103). Según la tradición, el aceite que exudaba la tumba del mártir tenía propiedades terapéuticas (cf. 5 y 16).

[65] Abadesa durante doce años en el siglo IX del monasterio de San Esteban Diácono. El culto de las reliquias de la santa cambió la advocación del templo a su nombre. En él vivió otra santa, Tomaida, hasta 1387, en que la ciudad fue tomada por los otomanos (Esfrantzes, XVIII 2; Pseudo-Esfrantzes, II 5 282; Janin, 1975: 374-375; Odorico, 2005: 281-282). Cf. *Vida de santa Teodora* (Paschalidis, 1991).

[66] Murad venía de combatir hacía un año contra el ejército de su cuñado Ibrahim II en Konya, al sur de la península de Anatolia. De manera semejante a esta se pronuncia Murad en el relato de Ducas, XXIX 5.

[67] El ejército otomano acampa entre el río Gálico y el Vardar, que desembocan al oeste de la ciudad.

[68] Sinán Pachá conquistó Yoánina el 9 de octubre de 1430.

[69] «El soberano reunió de los pueblos y ciudades de los alrededores a los turcos que allí vivían y los restableció en Tesalónica con sus mujeres e hijos. Dio orden que si algún romano era comprado por rescate o liberado, se le diera permiso para volver y habitar de nuevo en esa ciudad» (Ducas, XXIX 5).

[70] Se refiere a la caída de la ciudad.

[71] Esta obra es, en primer lugar, un documento histórico que contiene información de primera mano sobre la tragedia colectiva de la ciudad y sus habitantes tras la conquista otomana. Pero es también una reflexión sobre la decadencia moral y el pecado como

causas de la desgracia y la asunción de la culpa de los propios cristianos por la derrota. La aparición de los enemigos ante las murallas de la ciudad se percibe como pretexto o justificación para educar a la comunidad de creyentes que se ha desviado de la palabra de Dios. El testimonio histórico adquiere una dimensión moral en la medida en que el pecado pone en peligro la protección brindada por Dios para la liberación de la ciudad (Tsiaples, 2014: 50). Por eso el objetivo del narrador es hacer una exposición literaria verosímil, que a menudo se busca mediante el ajuste a ciertos modelos autorizados que otorgan credibilidad: el relato es verosímil en la medida en que respeta los arquetipos avalados y respaldados por la tradición cultural. Ambos recursos, el de la autoinculpación y el de veracidad basada en el ajuste a un arquetipo (tan frecuentes en la literatura) pueden seguirse, por ejemplo, en el ámbito de los testimonios personales medievales a través de los tres de la caída de Tesalónica (Merino, 2016: proemio y 12, 22 y 42; Eustacio, 154-156; Anagnosta, 8 y 16) y el de la de Constantinopla (Esfrantzes, XXXVI 14 y XLVIII 1).

[72] Templo del siglo V, 'aquirópito' (*acheiropoíetos*) significa «no hecho por mano humana» y en un principio se refería a un icono (Melville-Jones, 2006: 173). Ya había sido saqueado en 904 por el ejército del Califato de Bagdad al mando de León de Trípoli (Merino, 2016: 11) y aún hoy sigue abierta al culto, entre las calles Ajiropiítu y Ayías Sofías (Janin, 1975: 375-380). Se conserva en una columna del templo la inscripción:

«El sultán Murad Kan conquistó Tesalónica en el año 833 (1429-1430)». Parece, pues, que Murad II eligió esta iglesia como símbolo de su victoria. En cambio, del monasterio de San Juan Bautista, el Precursor, se tiene noticia desde el siglo X (Janin, 1975: 406) y estaba ubicado cerca de la iglesia de Ajiropíito (Theocharides, 1978).

[73]   En 1430 era déspota Jorge Brancovic, súbdito de Murad (Ducas, XXX 1), a quien tenía obligación de pagar un tributo anual de 50.000 ducados y proporcionarle tropas (Papadrianou, 1968). Tal vez por eso, sugiere Papadrianou, rescata correligionarios. La hija de Jorge, Mara, entró en el harén de Murad II en 1435. Obró de la misma manera tras la conquista de Constantinopla (Esfrantzes, XXXVI 7; Pseudo-Esfrantzes, 472).

[74]   Los que no habían sido hechos prisioneros en la reciente conquista de la ciudad.

[75]   De nuevo la decadencia moral y el pecado como causas de la desgracia y la asunción de la culpa por la derrota.

[76]   Fue elegido arzobispo Gregorio (Petit, 1918: 250-251; Tsaras, 1972). A pesar de los desastres sufridos tras la caída de Tesalónica, la comunidad de creyentes se prepara mental y físicamente para restaurarla a su hermosa condición anterior (Sansaridou, 2013: 44-45).

[77]   El antepasado al que se refiere es o Murad I (1360-1389), que hizo una fallida incursión en la ciudad en 1372 y en 1383 la sitió durante cuatro años has-

ta que finalmente cayó en 1387, o Bayaceto I (1389-1402). Tsaras interpreta por este pasaje que algunos tesalonicenses tuvieron un trato privilegiado por parte de los conquistadores (Tsaras, 1985: 76).

[78]   El texto parece resumir el edicto del sultán. La última parte de la frase ha de ser interpretada en un sentido general (Melville-Jones, 2006: 176), sin concluir que los cristianos fueron obligados a vivir confinados en un barrio (Odorico, 2005: 287). Véase XXI, cuando, hablando de los otomanos, afirma que «les tocó vivir dispersos por toda la ciudad».

[79]   Laónico Calcondilas corrobora el asentamiento de población turca (Tsaras, 1985: 14).

[80]   Tsaras 1973 los identifica con las iglesias de San Demetrio, Santa Sofía, San Jorge o Arcángeles y Santa Parasceva. La primera, en el centro de la ciudad y las demás, al sur. Odorico 2005: 288 descarta las más importantes, que fueron convertidas en mezquitas, pero no concreta. Otra fuente (Ducas, XXIX 5) afirma que el único templo cristiano que no se convirtió en mezquita, al menos hasta 1493, fue la iglesia de San Demetrio.

[81]   Tal como se indica, Gianitsá se encuentra al oeste de Tesalónica y en su región habitaba entonces mucha población foránea (Tsaras, 1985: 77).

[82]   La ciudad de Tesalónica es la salida natural al mar de los Balcanes y una de las principales etapas de la *Via Egnatia*. Sobre este aspecto es interesante la lectura de Merino, 2016: 1-15.

[83] Salmos 74, 6.

[84] Tsaras considera que esta estampa es exagerada y afirma que los otomanos destruyeron solo aquellos templos cristianos en los que sospechaban que se ocultaban tesoros, pero, en general, los respetaron por su condición de edificaciones destinadas al culto. Aporta como prueba el hecho de que fuesen transformados en mezquitas y no en palacios (Tsaras, 1985: 77). Los baños a los que se refiere son los de Bey Hamam, en la plaza Dicasteríon (Odorico, 2005: 285). Esta referencia invita a pensar que Anagnosta redactó la obra con posterioridad al 15 de septiembre de 1444, fecha en que acabaron de construirse los baños, según consta en inscripción (Vryonis, 1986: 312-313; Melville-Jones, 2006: 146).

[85] Cf. cap. 17: la situación geográfica de la ciudad, estratégica desde las perspectivas militar y comercial, anima al sultán a repoblarla, inaugurando un prolongado período de *pax otomana* que favoreció el desarrollo económico de la región en siglos posteriores (Odorico, 2005: 282). Paradójicamente, la conquista otomana cumplió los deseos de paz y prosperidad de Anagnosta.

[86] «...se me ocurrió que, además de otros cargos, se me podía acusar de desobediencia... vengo a cumplir tu demanda confiando en tu amistad» (Merino, 2016: 1).

ÍNDICE

Introducción 7

   1. Los acontecimientos 9

   2. El autor y la obra 11

   3. Historia de Tesalónica antes de 1430 16

   4. Relaciones de poder en la Tesalónica anterior a
   conquista: el relato de Simeón 20

   5. La elaboración del sufrimiento 24

   6. El mal al servicio del bien 33

   7. Ediciones y traducciones 38

Notas a la introducción 41

Bibliografía 51

Breve relato sobre la última conquista de Tesalónica
.... 62

Notas a la traducción 145

COLECCIÓN BUCOLEÓN

Como sugiere su nombre, que alude a un antiguo puerto de Constantinopla, la Colección Bucoleón de la Editorial Rhemata, auspiciada por la Sociedad Española de Bizantinística, aspira a proporcionar a sus lectores la experiencia de la travesía hasta Bizancio que promete el célebre poema de W. B. Yeats. En su catálogo acoge textos griegos de época bizantina de todos los géneros (retórica, historiografía, poesía, derecho, teología etc.) y registros lingüísticos (desde el más arcaizante hasta la llamada lengua popular). Ofrece el texto griego original y una traducción acompañada de una introducción y notas explicativas. De este modo, el público hispanoparlante puede acceder con las máximas garantías de rigor científico a testimonios literarios muy valiosos de la cultura del Imperio Romano de Oriente.

BUCOLEÓN